百问百答系列丛书

房屋买卖裁判规则100问

主 编 周 科
副主编 骆训文 王林欣 胡维刚

法律出版社 LAW PRESS · CHINA
北京

图书在版编目(CIP)数据

房屋买卖裁判规则100问 / 周科主编. -- 北京 : 法律出版社, 2024

ISBN 978-7-5197-8359-4

Ⅰ. ①房… Ⅱ. ①周… Ⅲ. ①房屋-买卖合同-合同纠纷-审判-案例-中国 Ⅳ. ①D923.65

中国国家版本馆CIP数据核字(2023)第184291号

房屋买卖裁判规则100问
FANGWU MAIMAI CAIPAN GUIZE 100 WEN

周 科 主编

策划编辑 邢艳萍
责任编辑 邢艳萍
装帧设计 贾丹丹

出版发行 法律出版社
编辑统筹 法律应用出版分社
责任校对 朱海波
责任印制 刘晓伟
经　　销 新华书店

开本 A5
印张 9.5　**字数** 280千
版本 2024年1月第1版
印次 2024年1月第1次印刷
印刷 三河市龙大印装有限公司

地址:北京市丰台区莲花池西里7号(100073)
网址:www.lawpress.com.cn
投稿邮箱:info@lawpress.com.cn
举报盗版邮箱:jbwq@lawpress.com.cn

销售电话:010-83938349
客服电话:010-83938350
咨询电话:010-63939796

书号:ISBN 978-7-5197-8359-4
定价:52.00元

编辑委员会

序　一

以至详之法晓天下，使天下明知其所避！

——宋·苏轼《御试重巽申命论》

20世纪90年代初，我由香港转战内地房地产代理行业，至今已经有30个年头，这30年正是内地房地产业蓬勃发展的30年，我算得上是这个行业的践行者和见证者。所以，在亲历了房地产行业大潮浩荡、浮沉的同时，也深谙这个行业参与者的艰辛和不易，开发商如是，代理商如是，业主亦如是！

我们常说：中国人对"家"的执着是刻在骨子里的。所以，中国人很热衷于买房子这件事。而房子动辄数百万元、数千万元的投入，对于任何一个家庭而言，都不是一次轻松的抉择，须慎之又慎。但就算国家已有"至详之法"，国人又如何"明知其所避"？

房地产二级市场、三级市场的代理行业，主责促成买卖双方的"买卖"。而作为一家全国性代理企业的领航人，我始终秉持的管理准则是：要对买卖双方做到信源真实，诚信服务，买卖公平。然而，房地产买卖是一个复杂、烦琐的过程，每种物业买卖时的风险点不同，对应的相关国家政策迥异，买卖过程中涉及的政府、银行、开发商、中介等人员众多，稍有差池，就会给买卖双方带来始料未及的风险。所以，身处房地产行业这些年，我也耳濡目染很多房地产买卖纠纷事件。

收到《房屋买卖裁判规则100问》一书时，细阅之下顿感欣慰。一方面，编者能以自己的专业和学识撰写这样一本应用性极强的书，为房地产行业的参与者提供一份“知其所避”的参考，是为大善；另一方面，他们作为我在中原地产的老同事，如今已进军房地产法律界，为房地产行业的持续健康发展贡献力量，是为大能。所以当他们提出希望我为本书题写序言时，我便欣然答应。

“大庇天下寒士”是创造，也是守护！

本书中收录了百余个极具代表性的真实案例，在陈述纠纷事实的同时，引“法”据“典”，将晦涩难懂的法律条文通过平实易懂的语言表达出来，更易于阅读者理解和记忆。如此，案例中蕴含的法理就会成为对他们的一种“守护”，“使天下明知其所避”！

是为序！

中国房地产产业投资合伙基金创始人

纵横百富企业管理(深圳)集团有限公司创始人兼CEO

中原地产原中国区总裁

2023年11月

序　二

曾经有业内同仁让我推荐一本房屋买卖的工具书,并提出了如下要求:既能够响应从事房地产行业的同仁补充知识的不时之需,又能够为广大学者提供实践经验,最重要的是,还能够符合普通老百姓的现实需求? 怀着这样的希冀,我认真阅读此书。

在房地产行业深耕多年,我所见闻的老百姓因欠缺法律知识而遭受财产损失的案例很多,故而站在业界专业人士角度,我一直希望有一本专业严谨、深入浅出、简明易懂的房屋买卖工具书,能够满足老百姓的迫切需要,指导老百姓在房屋交易时能作出更理性、更周全的决定,保护自己的财产安全。最初读到本书时我并没有太多期许,后来一页页翻阅渐入佳境,直到沉浸式通读完毕,我才意识到这本书倾注了创作团队大量心血。

首先,本书对各种房产问题全面覆盖。对新房、二手房买卖过程中的常见问题进行了分类,附有详尽的案例分析,连同房地产中介合同中的纠纷亦进行了全方位的分析。

其次,本书针对房地产交易中的实际问题提供了解决方案。对房地产从业人员及普通读者而言,最困扰的就是实际案例需要应用到哪些法条、如何应用。本书在每一个精选案例后都附有法院裁判观点、适用的法条及同类案例或相反案例,读者能清晰地知道法律的实际应用及此类问题的解决方案。

再次,本书紧跟时势,收录了代表法院最新审判趋势的案例。随着政治经济等形势的变化,法院的审判必然要考虑当时的环境而紧扣法条作出合适的判决，如买卖合同违约责任承担的比例、中介方是否承担责任及责任划分，本书都进行了诠释，这是本书的一大亮点。

最后，从时间方面，本书跨越了漫长的时间线，从近几年的新型案例到改革开放前沿城市的典型案例，本书都有收录。读来只觉作者用心良苦，有限的力气穿越无限的历史时光，让我们这些读者跨越古今一窥法院的裁判趋势。古为今镜，今月照古，相辅相成，与时俱进，这是本书将过往案例和现今案例都罗列出来供读者参考的重大意义所在。

通读本书列举的各类典型案例，我切实感受到了创作团队是用心在做一本实用型工具书。不仅房地产从业人员或法律专业人员能从中受益，对有房屋买卖需求的普通老百姓更具现实意义，能够指导其有效避免“踩坑”。

在收到为本书题序的邀请后我一直难以提笔，认真通读多次后我更认为其中涵盖的知识面之广很难用三言两语概括完整，其中案例的精挑细选与法律条文的翔实列举更是微薄的笔力难以说明的，有幸通读到这本书并列出我浅薄的阅读心得，如果我的推荐能切实帮助读者解决在房屋买卖中遇到的实际问题，将不胜荣幸。

美联中国华南区战略董事总经理

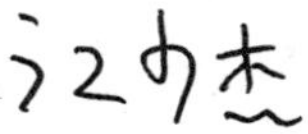

2023 年 12 月 25 日

前　　言

本书有三个特点：

第一，工具性。

在房屋交易中，碰到类似的问题或者为避免类似的风险，拿出这本书来，对照目录按图索骥，说不定就可以找到答案，或者预判可能出现的后果。

我们列举了101个典型法律问题，可分为以下四类：

一是新房买卖常见问题。如开发商虚假宣传问题、降低逾期交房责任问题、超备案价销售问题、一房二卖问题、交房未通燃气问题、商品房购房者优先权问题、开发商破产时产权证办理问题等。

二是二手房买卖常见问题。如付款方式不明确争议问题、新政导致无购房资格问题、夫妻一方出售共有房产效力问题、“双拼房”无法贷款引发的违约问题、带租约买卖交房问题、查封房产买卖效力问题、学位房争议问题、“假离婚”购房争议问题、凶宅买卖问题、代持或借名买房问题等。

三是非商品房买卖常见问题。如绿本房买卖效力问题、小产权买卖效力问题、回迁房买卖效力问题、经济适用房或安居房买卖纠纷问题等。

四是中介合同纠纷常见问题。如中介赚差价问题、中介带看同户型问题、中介协助提供虚假证件问题、中介算错税费问题、中介未详细告知购房政策等。

第二，权威性。

书中所有的案例和裁判观点，都来源于法院裁判文书，并附有真实可溯源的案号,我们只是对问题和裁判规则进行了提炼,忠实于裁判文书的观点。

我们精挑细选典型案例并加以评析,将纸上的法律变成实践中活的法律,变成我们的行为规则,针对上述101个法律问题,其中不乏前沿问题、热点问题、疑难问题,通过以案说法,概括出一套房屋买卖裁判规则,包括新建商品房买卖裁判规则、二手房买卖裁判规则、非商品房买卖裁判规则和中介居间裁判规则。

通过实例告诉你,如果遇到这类问题,法官可能会这样判,有时候同一问题可能会出现相反的判决,我们也列出供你参考。

第三,新颖性。

我们尽量挑选最近几年、比较前沿的案例,尽量能让读者与时俱进地一窥法院最新裁判趋势。

例如,居间合同纠纷,中介公司作为居间人,在以往一般很难被要求承担一方违约时的违约责任。法院的通常理由是,中介公司只是居间人,仅是报告订立合同的机会或者提供订立合同的媒介服务,具体怎么商议、怎么承诺,是买卖双方的权利义务,一方违约也好,欺诈隐瞒也好,大概率只能追究买卖相对方的责任,中介很少承担赔偿责任。但现在却出现了很多新变化,中介公司承担连带责任或单独向守约一方承担赔偿责任的情况越来越多。

又如,书中有这样一个问题:"中介公司未仔细审查交易双方的授权手续,给交易一方造成损失的,是否应当承担赔偿责任?"因为卖方的父亲代卖方签署买卖合同,一直未取得卖方的授权委托书,在另案判决卖方父亲向买方退还已收取的95万元定金的情况下,法院认为中介公司"未能尽到完全审慎注意义务,存在一定过错",判令中介公司向卖方父亲承担50%即47.5万元的赔偿责任。仅因卖方自身授权手续问题,中介公司要向卖方代理人承担如此高额的赔偿责任,这也对中介公司等房地产服务机构的专业性和勤勉尽责义务提出了更高的要求。

因而，适合阅读这本书的人，除了律师、公司法务等法律专业人士，还包括房屋买卖双方，同时，也适合广大的房地产中介从业人员，这样不仅可以避免自己“踩坑”，还可以帮助买卖双方防患于未然，促成交易。

希望这本书能对你有一点点帮助或者一丝丝启发。

目录

第一章　新建商品房买卖裁判规则

第二章 二手房买卖裁判规则

第三章　非商品房买卖裁判规则

第一章

新建商品房买卖裁判规则

1. 开发商样板房宣传时有地下室，但合同却约定样板房不构成合同的组成部分，买方购买的房产是否应当有地下室？

裁判规则

样板房宣传时有地下室，合同约定样板房不构成合同的组成部分为格式条款，该条款无效，买方购买的房产应当有地下室。

案号索引

广东省深圳市中级人民法院(2020)粤03民终25818号民事判决书

案情简介

2016年9月8日，卢某（买方）与北城公司（卖方）签订了《深圳市房地产买卖合同（预售）》（以下简称《预售合同》），约定卢某向北城公司购买深圳市某住宅，北城公司的样板房和宣传单资料中均显示涉案房产包含有地下室负一层和地下夹层，但《预售合同》附件五第18条“对本合同第二十八条的变更及补充”约定：“出卖人所做的销售广告、宣传资料、售楼书、售楼模型、样板房以及任何其他形式的宣传广告资料并非具体确定的说明和允诺，对商品房买卖合同的订立及房屋价格的确定不具有重大影响，不作为本合同的组成部分，对双方不具有约束力。”地下室负一层和地下夹层后续因违建被拆除，卢某诉至法院请求北城公司承担交付房屋不符合合同约定的经济损失。

法院观点

广东省深圳市中级人民法院认为：本案中，《预售合同》中虽然没有关于地下室负一层及地下夹层的约定，但北城公司通过宣传资料及样板房的方式，对该地下室负一层和地下夹层明确、直观地进行了展示，其向业主实际交付涉案房产时亦包括了地下车库隔墙；涉案房产为别墅，购房者对于别墅的居住要求与普通高层住宅不同，按照生活常理，地下室负一层及地下夹层所展示的效果足以让购房者形成在购买房产后可单独享用地下车库的认识，而此类认识符合别墅购买者的消费意愿，足以对购房者订立合同以及房屋价格的确定产生重大影响。涉案房产包含地下室负一层和地下夹层符合双方当事人的真实意思表示，应视为合同内容。《预售合同》附件五第18条格式条款内容与法律规定相悖，该条款免除了北城公司（格式条款提供方）的责任，排除了卢某的主要权利，故该格式条款应认定为无效。北城公司有义务向卢某提供与样板房一致的房产，否则应承担违约责任。北城公司关于该地下室负一层及地下夹层不属于合同内容的答辩意见于法无据，一审法院不予采纳。最终涉案房产不具备地下室负一层和地下夹层，客观上给业主造成经济损失，北城公司应当承担赔偿责任。

综合考虑涉案房产现状、北城公司履约情况等因素，一审法院对卢某主张北城公司按照购房总价款的30%承担违约责任之诉求予以支持，故北城公司应向卢某支付违约金人民币5,174,596.5元（17,248,655元×30%）。

北城公司应当交付符合双方约定的合法房屋。但是涉案房屋的地下2层经相关行政部门认定系违法搭建隔离墙，并被强制拆除，因此，卢某并未按照双方合同的约定获得完整合法的房产，北城公司存在违约，应当支付违约金。一审法院综合考虑房屋现状、北城公司违约行为所导致的损害结果，酌定赔偿数额并无不妥，对此予以维持。

相关规定

《中华人民共和国民法典》

第四百七十三条　要约邀请是希望他人向自己发出要约的表示。拍卖公告、招标公告、招股说明书、债券募集办法、基金招募说明书、商业广告和宣传、寄送的价目表等为要约邀请。商业广告和宣传的内容符合要约条件的,构成要约。

第四百九十六条　格式条款是当事人为了重复使用而预先拟定,并在订立合同时未与对方协商的条款。采用格式条款订立合同的,提供格式条款的一方应当遵循公平原则确定当事人之间的权利和义务,并采取合理的方式提示对方注意免除或者减轻其责任等与对方有重大利害关系的条款,按照对方的要求,对该条款予以说明。提供格式条款的一方未履行提示或者说明义务,致使对方没有注意或者理解与其有重大利害关系的条款的,对方可以主张该条款不成为合同的内容。

《最高人民法院关于审理商品房买卖合同纠纷案件适用法律若干问题的解释》(2020 修正)

第三条　商品房的销售广告和宣传资料为要约邀请,但是出卖人就商品房开发规划范围内的房屋及相关设施所作的说明和允诺具体确定,并对商品房买卖合同的订立以及房屋价格的确定有重大影响的,构成要约。该说明和允诺即使未载入商品房买卖合同,亦应当为合同内容,当事人违反的,应当承担违约责任。

同类案例

在(2022)粤 03 民终 22520 号案件中,广东省深圳市中级人民法院认为:涉案合同附件五第 16 条、第 24 条对涉案合同第 18 条、第 28 条关于样板房内容、销售广告及宣传资料的约定内容作了修订及补充,上述修订补充条款属于与买受人具有重大利害关系的条款,且系骏腾公司在销售涉案房产过程中为了重复使用而预先拟定的格式条款。骏腾公司未提交证据证明其采取合理方式提示涉案房产购买人注意涉案合同附件五第 16 条、第 24 条约定内容,涉案房产购买人亦主张上述条款不成为合同的内容。一审法院据此认定涉案合同附件五第 16 条、第 24 条不成为合同的内容,并无不当。骏腾公司在涉案房产销售过程中使用的宣传手册、样板房、各网站宣传资料及相关销售人员的宣传和推介,均明确、具体描述涉案房产项目具有配套游泳池等配套设施,告知涉案房产可装修成室内二层的 LOFT 户型;骏腾公司因未经批准擅自在涉案房地产项目加建游泳池,被深圳市坪山区规划土地监察局作出相应的行政处罚,说明骏腾公司在涉案房地产项目有建造游泳池的规划并已实际执行,仅因客观原因被拆除;涉案房产层高达 4.5 米,远高于正常平层房产高度,且在买受人进行隔层搭建时,骏腾公司及物业管理公司审核通过装修方案并在装修完毕后验收合格,足以证明其销售房产时曾经承诺买受人可以进行隔层搭建。因此,涉案房地产项目规划存在游泳池等配套设施,可装修成室内二层的 LOFT 户型,骏腾公司对此通过宣传手册、样板房及宣传资料等方式,已经明确、直观地进行了展示,其描述明确、具体。涉案房产用途为办公或商业用途,宣传规划范围内存在游泳池等配套设施,并可搭建成 LOFT 户型,必然有更好的租用效果和收益增值空间,因此,涉案房地产项目的游泳池等配套设施及可搭建成 LOFT 户型,足以对涉案房产价格及买受人购房意愿产生重大影响。一审法院据此认定涉案房地产项目配套游泳池、涉案房产可装修成 LOFT 户型的宣传构成要约,并无不当。

2. 商品房认购协议什么情况下可以被认定为商品房买卖合同?

裁判规则

签订的房屋买卖合同,虽不具备完整的《商品房销售管理办法》第16条所规定的商品房买卖合同应当明确的主要内容,但已经具备当事人名称、商品房基本情况、总价款、付款方式、付款时间等内容并且已经缴纳定金或购房款的,则该合同可被认定为商品房买卖合同。

案号索引

广东省高级人民法院(2020)粤民再428号民事判决书

案情简介

吴某与万良公司于2019年3月29日签订了《商品房认购书》《〈商品房认购书〉补充协议书》并支付了全部购房款,但双方就律师服务费、装修改造费及商品房买卖合同条款内容发生争议。2019年4月27日,吴某、万良公司经协商,将吴某购买的房屋置换为佛山新城富华路××号房。因吴某要求万良公司将其中的规划设计条款进行删除、万良公司要求吴某一并签订《〈商品房买卖合同〉补充协议(一)》等事由未能达成一致意见,双方至今未签订正式的商品房买卖合同。吴某起诉至法院,要求确认《商品房认购书》及其补充协议书为商品房买卖合同。

法院观点

一审法院认为:本案应为商品房预约合同纠纷。双方签订的《商品房认购书》及其补充协议书约定了房号、单价、总价、付款方式、定金、装修标准及在约定时间内签订《商品房买卖合同》,《商品房认购书》第5条约定:"如甲乙双方在约定的时间内签订《商品房买卖合同》,定金抵作购房价款……"《〈商品房认购书〉补充协议书》第4.1条约定:"甲方已向乙方明示双方将签订的《商品房买卖合同》示范文本及其附件《合同补充协议》《临时管理规约》等资料,乙方确认已详细阅读并理解上述文件,且无异议,承诺按约定签署上述文本。"由上可知,双方在签订《商品房认购书》及其补充协议书时,是认识到该认购书及其补充协议书并不是《商品房买卖合同》,而仅是预约合同,是对将来签订商品房买卖合同本约有关事宜的初步确认,为签订正式合同即《商品房买卖合同》做准备,实质上为商品房预约合同……本案《商品房认购书》及其补充协议书虽然约定了房号、单价、总价、付款方式、定金、装修标准,吴某也支付了房款,但是该认购书及其补充协议书并不具备法律规定的商品房买卖合同的主要内容,不能认定为商品房买卖合同。吴某提交的《广东省商品房使用说明书》、《广东省商品房质量保证书》以及××荟A户型说明"产品类型:服务型公寓/商业办公"均不具有商品房买卖合同的内容,至于《换房协议书》仅是对吴某购买房屋的房号的变更,更不具有商品房买卖合同的内容,截至庭审结束,双方也未就签订《商品房买卖合同》达成一致意见,实际并未签署,故吴某请求确认万良公司与吴某签订的《商品房认购书》及其补充协议书[含案涉房屋经主管部门备案的《商品房买卖合同(预售)》示范文本及其附件、《广东省商品房使用说明书》、《广东省商品房质量保证书》]以及××荟A户型说明"产品类型:服务型公寓/商业办公"和《换房协议书》为商品房买卖合同,缺乏事实和法律依据,一审法院不予支持。

二审法院认为:本案中,《商品房认购书》《〈商品房认购书〉补充协议书》仅具备《商品房销售管理办法》第16条规定的第一项、第二项、第四项内容,并未就《商品房销售管理办法》第16条规定交付使用条件及日期，装饰、设备标准承诺，供水、供电、供热、燃气、通信、道路、绿化等配套基础设施和公共设施的交付承诺和有关权益、责任，公共配套建筑的产权归属，面积差异的处理方式，办理产权登记有关事宜，解决争议的方法以及违约责任等事项作出约定，故根据《最高人民法院关于审理商品房买卖合同纠纷案件适用法律若干问题的解释》第5条规定，对吴某诉请确认《商品房认购书》《〈商品房认购书〉补充协议书》为商品房买卖合同不予支持。

再审法院认为：本案的主要争议焦点为双方2019年3月29日签订的《商品房认购书》《〈商品房认购书〉补充协议书》的性质问题。根据查明事实，吴某与万良公司于2019年3月29日签订的《商品房认购书》《〈商品房认购书〉补充协议书》已经具备当事人名称、商品房基本情况、总价款、付款方式、付款时间、装修标准等主要内容；吴某于签约当日向万良公司支付了全部购房款，万良公司亦予收受。依照相关规定，吴某与万良公司于2019年3月29日签订的《商品房认购书》《〈商品房认购书〉补充协议书》应当认定为商品房买卖合同。双方于2019年4月27日经协商签订《换房协议书》，将《商品房认购书》约定吴某购买的房屋置换为佛山××号房，属于对合同标的的变更，该《换房协议书》也应认定为双方商品房买卖合同的内容。吴某请求判决确认上述《商品房认购书》《〈商品房认购书〉补充协议书》《换房协议书》为商品房买卖合同，应予支持，一审、二审法院判决驳回其上述诉讼请求适用法律错误，法院予以纠正。

相关规定

《最高人民法院关于审理商品房买卖合同纠纷案件适用法律若干问题的解释》(2003)

第五条 商品房的认购、订购、预订等协议具备《商品房销售管理办法》第十六条规定的商品房买卖合同的主要内容,并且出卖人已经按照约定收受购房款的,该协议应当认定为商品房买卖合同。

《商品房销售管理办法》

第十六条　商品房销售时,房地产开发企业和买受人应当订立书面商品房买卖合同。商品房买卖合同应当明确以下主要内容:(一)当事人名称或者姓名和住所;(二)商品房基本状况;(三)商品房的销售方式;(四)商品房价款的确定方式及总价款、付款方式、付款时间;(五)交付使用条件及日期;(六)装饰、设备标准承诺;(七)供水、供电、供热、燃气、通讯、道路、绿化等配套基础设施和公共设施的交付承诺和有关权益、责任;(八)公共配套建筑的产权归属;(九)面积差异的处理方式;(十)办理产权登记有关事宜;(十一)解决争议的方法;(十二)违约责任;(十三)双方约定的其他事项。

同类案例

【案例一】在(2018)粤03民终6102号案件中,广东省深圳市中级人民法院认为:认购协议已经具备商品房买卖合同的主要内容的,属于商品房买卖合同。李某与民生东都公司签订的涉案《深圳市房地产认购书》《深圳市房地产认购书补充协议》虽约定双方在将来一定期限内签订正式的商品房买卖合同,但该认购书及其补充协议对拟购房屋的位置、面积、价款、付款时间、付款方式作出了明确约定,已经具备商品房买卖合同的主要条款,且民生东都公司已收取李某的购房定金。故根据相关司法解释,该认购书及其补充协议为商品房买卖合同,原审法院将其认定为预约合同不当,法院予以纠正。双方应全面适当地履行各自的合同义务。涉案认购书及其补充协议均明确约定李某应于涉案房屋解锁(解除查封)之日起7日内交清首期款并办理银行按揭手续,而民生东都公司在2015年5月11日向相关业主发出的情况说明中告知李某等业主于6月1日前交付首期款,否则将单方面解除合同,且明确查封房源将在交清首付款之日起90日内解除查封状态。两相对比,民生东都公司在情况说明中提出的要约条件明显比涉案认购书及其补充协议中的约定条款更为苛刻,加重了买方李某的责任,李某有权不予承诺。情况说明对李某不产生法律约束力。涉案房屋于2015年9月29日解除查封后,李某有权依照前述认购书及其补充协议的约定要求民生东都公司继续履行房屋买卖合同。民生东都公司经李某多次催告,仍拒绝履行其卖方义务,构成根本违约,应当承担相应的违约责任。李某要求民生东都公司赔偿房屋差价损失,于法有据,法院依法予以支持。

【案例二】在(2016)最高法民再156号案件中,最高人民法院查明:2007年,王某在笔克公司处订购该公司开发建设的某小区房屋一套,对房屋面积和单价、地下室面积和单价、定金和付款金额都有约定,但未签订书面合同。后来王某先后交付定金20,000元、首付款54,023元和地下室款7308元,笔克公司出具的收据同时载明“2007年10月9日前交清首付款,逾期房屋收回,定金不退”。后王某提出余款以公积金贷款的方式交付,笔克公司表示只有以现金形式交纳全部房款后,才可以向其提供公积金贷款手续,交易陷入停滞,王某诉至法院要求追究笔克公司违约责任、继续履行合同交付房产。

最高人民法院认为:王某与笔克公司虽未签订书面的商品房预售合同,但双方已对预售商品房的基本情况、价款、首付款、违约责任等内容形成了一致意见,定金收据及付款收据载明的内容具备商品房预售合同的基本条款,系双方当事人的真实意思表示,内容不违反法律、行政法规的强制性规定,是有效的。双方当事人之间已经形成商品房预售合同关系,均应按约履行。但因案涉房屋已被笔克公司另售他人,无继续履行的可能和必要,法院判决解除合同,笔克公司承担退还房款并双倍返还定金的违约责任。

3. 开发商在预售合同附件中减轻逾期交房责任的,是否有效?

裁判规则

开发商在预售合同附件中大幅减轻逾期交房责任,但没有采取合理的方式提示买受人的,减轻责任的约定不发生效力。

案号索引

广东省深圳市中级人民法院(2021)粤03民终14737号民事判决书

案情简介

买方(原告)与开发商喀斯特公司签订《深圳市房地产买卖合同(预售)》,购买一套商品房,约定交房时间为2019年6月30日,补充协议约定:"买受人同意给予出卖人三个月的交付宽限期,宽限期内买受人不追究出卖人的违约责任;宽限期满后因出卖人原因仍无法交付,出卖人承担已收房款每月0.1%的违约金,延期一年的买受人有权解除合同,出卖人承担已付房款1%的违约金;无论是否解约,出卖人承担的违约金总额不超过已付房款的1%。"交房方式为开发商发出入伙通知书,买方在通知的入伙之日起5日内收房。合同签订后买方付清了购房款。2019年6月30日,开发商委托物业公司向原告发出延期入伙通知,称存在工程质量问题要延期入伙。2019年7月11日,开发商在《深圳特区报》上刊登入伙公告,公告通知买方在2019年8月31日入伙;买方未收到通知，后来听闻开发商经营异常，2020 年 8 月 30 日办理入伙手续，并向法院主张开发商承担逾期交房责任。

法院观点

广东省深圳市中级人民法院认为：合同附件五约定的逾期交房违约金标准明显偏低，喀斯特公司在本案中也未对三项违约金标准存在较大差异的原因作出合理解释。喀斯特公司在拟定上述三项违约金标准时并未遵循公平原则确定双方的权利义务，拟定的逾期交房违约金标准偏低，应当认定为《中华人民共和国民法典》规定的应当采取合理的方式提示对方注意的与对方有重大利害关系的条款。

在本案中，合同正文第 12 条约定逾期交房违约责任按第贰种方式处理，“贰”字的字体有加粗，但由于第贰种方式在正文中并未体现，而是放在附件五中约定，加粗正文“贰”字尚不足以让买受人注意到合同附件五的相关内容，喀斯特公司仍有义务提示买受人注意附件五第 12 条有关逾期交房违约金的约定。而从附件五第 12 条的文本样式来看，整个附件五采用了与正文相比过小过密的字体和间距，第 12 条也没有通过加大加粗等方式提请买受人注意。喀斯特公司不仅没有采取合理的方式提示买受人，反而采用了让买受人更容易忽略该条款的文本样式。喀斯特公司的上述做法不仅不符合《中华人民共和国民法典》的上述要求，也有违诚信原则。根据《中华人民共和国民法典》第 496 条的规定，附件五第 12 条有关逾期交房违约金的约定不能作为合同内容（包括宽限期、每月 1‰的延迟交房违约金及其上限）。在相关违约金条款在二审被认定不成为合同内容后，法院综合考虑买受人因喀斯特公司逾期交房所遭受的租金损失和其他损失、合同对逾期收房和逾期付款所约定的违约金标准，根据公平原则和诚信原则，酌情认定喀斯特公司按照总房款每日 1‰的标准向买方赔偿逾期交房损失。逾期交房违约金的计付期间为 2019 年 7 月 1 日至 2020 年 8 月 30 日。

相关规定

《中华人民共和国民法典》

第四百九十六条　格式条款是当事人为了重复使用而预先拟定，并在订立合同时未与对方协商的条款。

采用格式条款订立合同的，提供格式条款的一方应当遵循公平原则确定当事人之间的权利和义务，并采取合理的方式提示对方注意免除或者减轻其责任等与对方有重大利害关系的条款，按照对方的要求，对该条款予以说明。提供格式条款的一方未履行提示或者说明义务，致使对方没有注意或者理解与其有重大利害关系的条款的，对方可以主张该条款不成为合同的内容。

相反案例

【裁判规则】开发商在预售合同补充协议中小幅减轻自身违约责任的（如违约金标准从日4‰降至日3‰，违约责任起算点由房地产交付之日后第240日延长到卖方付清全部购房款之日起360日），该约定有效。

【法院观点】在(2021)粤03民终30991号案件中，广东省深圳市中级人民法院认为：卖方方大公司也在合同中以补充协议的方式减少了自身延期办证的违约责任，但是减少幅度较低（如补充协议将合同正文的逾期起算日从交付后240日改为360日、将违约金标准从日4‰降至日3‰），最终深圳市中级人民法院认为补充协议作此约定不构成未经合理提示、有重大利害关系的格式条款。具体判决理由："同时对比《深圳市房地产买卖合同》第18条与《补充协议》第11条中关于延期办证违约责任的约定，违约责任起算点由'房地产交付之日后第240日'变更为'买卖合同签署完成且卖方付清全部购房款之日起360日'，违约金的计算标准由'日万分之四'调整为'日万分之三'，虽客观上减轻了卖方应承担的延期办证责任，但并不构成‘不合理’的程度，并未达到以司法干预契约自由的限度。综上，十足美公司（买方）主张补充协议中的延期办证违约条款无效，于法无据，法院不予采纳。”

4. 购房者能否要求开发商返还超备案价销售的差价？

裁判规则

买卖合同有效，购房者不能要求开发商返还超备案价销售的差价。至于开发商涉及违反行政管理规定的问题，则应由相关部门进行处理，并不影响合同的效力。

案号索引

广东省佛山市禅城区人民法院（2019）粤 0604 民初 16841 号民事判决书

案情简介

2016 年 7 月 4 日，被告某升公司（开发商）与原告（买家）签订《折扣申请书》，约定原告意向购买佛山市禅城区泷景花园三期 4 座××××单元，总价为 1,700,495 元，约定向被告某升公司支付 2 万元意向金及向代理方支付 3 万元意向金后，可以享受 3 万元抵 12 万元后优惠折扣 98 加 99 再 99 折。原告按照被告某升公司的要求，交付 3 万元，由被告某贷公司出具 3 万元《收据》及《服务费收费凭证》，确认已缴纳服务费 3 万元，可享受抵扣购房优惠 12 万元。2016 年 7 月 29 日，原告与被告某升公司签订《泷景花园认购书》，约定以 1,700,495 元为总价，抵扣 12 万元后优惠折扣 98 加 99 再 99 折，折后房屋价款为 1,518,062 元。2016

年7月30日,原告与被告某升公司签订《商品房买卖合同(预售)》,约定购房总价款为1,502,882元,后被告某升公司开具1,502,882元的购房发票。原告于2019年向佛山市禅城区发展规划和统计局申请政府信息公开后得知,原告购买的佛山市禅城区泷景花园三期4座××××单元备案价格为1,622,143元,备案时间为2016年7月26日,所在楼盘预售许可证发放的日期是2016年7月25日。原告认为被告某升公司在未取得预售许可证的情况下进行销售并在备案价格上擅自加价再虚构优惠,违反了商品房预售和明码标价的有关规定,其行为应受到处罚,其由此获得的"收益"应向购房者返还。因此,原告特诉至法院,请求判令两被告以《商品房销售价目表》中的备案价为基础,按照《折扣申请书》和《泷景花园认购书》约定的优惠及折扣继续履行合同并返还差价给原告。

法院观点

涉案《折扣申请书》《泷景花园认购书》《商品房买卖合同(预售)》均系双方的真实意思表示,内容不违反法律法规效力性强制性规定,也不违背公序良俗,合法有效。依照《中华人民共和国合同法》(已失效)第8条"依法成立的合同,对当事人具有法律约束力。当事人应当按照约定履行自己的义务,不得擅自变更或者解除合同。依法成立的合同,受法律保护"的规定,本案合同各方均有诚实全面履行上述协议的义务,任何一方不得单方变更合同。普通商品住房的备案价是房地产开发企业在销售商品房前预先设定备案在物价部门的价格,目前我国法律、法规并未规定房屋买卖双方只能按照备案价进行交易。而事实上,由于成本及供求关系变化等市场因素,备案价与房屋实际销售价格不一致的情况是客观存在的。对于房地产开发公司或销售代理机构存在的违规行为,应由行政主管部门进行处理,购房者亦有权向行政主管部门进行举报,但行政机关的处理并不影响本案的审理。

相关规定

《中华人民共和国民法典》

第一百一十九条　依法成立的合同，对当事人具有法律约束力。

《住房和城乡建设部建房关于进一步规范和加强房屋网签备案工作的指导意见》

第十五项　加强房屋网签备案价格监测。房屋网签备案价格作为房地产市场统计监测的数据来源，应确保真实准确。税务部门纳税评估价、金融部门贷款评估价，可参考房屋网签备案价进行动态调整。

《深圳市房地产市场监管办法》

第十一条　房地产开发企业销售商品房之前，应当合理确定销售价格，并报价格监督执法部门备案。

房地产开发企业应当按照经备案的销售价格，明码标价销售商品房。确需调整销售价格且调整幅度超出备案价格15%的，应当在调整价格前办理备案变更。

价格综合管理部门应当会同相关部门制定并公布房地产开发价格行为规则，引导、规范房地产开发企业依法自主定价。

同类案例

【案例一】在(2017)沪0115民初57125号案件中，上海市浦东新区人民法院认为：同是平等主体的自然人、法人、其他组织之间设立、变更、终止民事权利义务关系的协议，其作为民事法律行为，是当事人协商一致的结果。原告(买家)作为完全民事行为能力人，在清楚系争房屋的坐落、销售价格等信息的情况下与被告(开发商)签订的《定金合同》及其附件、《出售合同》合法有效,双方应按约履行。现原告支付了《出售合同》约定的全部购房款,也实际取得了系争房屋的产权,上述合同已经实际履行完毕。房屋的对外销售价格高于其在相关部门的备案价格,违反了相关的行政管理规定,应由相关部门进行处理,但并不影响双方签订的合同效力。原告未举证证明双方所签合同中关于房屋总价款为 3, 764, 987 元的约定内容存在依法应当予以变更的情形,因此原告该项诉请不符合《中华人民共和国合同法》(已失效)第 54 条规定的可变更、可撤销的条件,法院不予支持。

【案例二】在(2017)沪 0118 民初 8704 号案件中,上海市青浦区人民法院认为:某置业公司收到的行政处罚决定书中,已明确商品房销售价格属于市场调节价,销售价格由经营者自主定价。陶某并未提供证据证明商品房包含在政府定价或政府指导价的目录中,故陶某认为商品房销售价格实行政府指导价的意见,缺乏依据,法院不予采纳。且按照上海市相关规定,某置业公司未重新办理商品房价格备案违反的是政府的行政管理措施,不违反法律法规的强制性规定。

相反案例

【裁判规则】加价行为无效,购房者可以要求开发商返还超备案价销售的差价。开发商超出备案价销售的行为,违反《中华人民共和国价格法》相关规定以及国家和地方政府对房地产市场调控政策的规定,违反社会公共利益,应当依法认定为无效民事行为,多支付的购房款也应当返还。

【案例一】在(2018)湘 0105 民初 7785 号案件中,湖南省长沙市开福区人民法院认为:《润景园认购协议》以及《承诺书》约定的房屋单价均高于《长沙市商品房买卖合同》约定的单价,该多收取的部分属于备案的房屋价格基础上收取额外费用的行为,该行为不符合《中华人民共和国价格法》第 13 条关于销售商品应当明码标价和不得在标价之外加价出售商品的规定,也违反了国家和地方政府以及政府相关部门对房地产市场调控政策的规定,该行为违反社会公共利益,应当依法认定为无效民事行为。故对原告关于被告返还合同价外多收取的购房款 22 万元的诉求,法院予以支持。

【案例二】在(2019)湘 01 民终 11951 号案件中,湖南省长沙市中级人民法院认为:根据“房地产开发企业在销售前应完善经营场所的房屋销售信息公示栏及长沙市商品房预售系统有关房屋价格信息”的法律规定及政策精神,某宇地产公司在网签价格外加价销售的行为违反了《中华人民共和国价格法》和涉及公共利益的房地产行业的相关政策。某宇地产公司与刘某签订的《商品房买卖合同》系双方当事人的真实意思表示,该合同约定的房屋单价为 6500 元/平方米,且已通过网签备案,故该合同不违反法律、行政法规的强制性规定,也不违反国家和地方政府及政府相关部门对房地产市场调控政策的规定,合法有效。双方当事人应当按照该合同的约定全面履行各自的义务。刘某(买家)按照该合同的约定支付房款后,其付款义务就已经履行完毕。对于某宇地产公司在网签备案价格之外加价销售房屋多收取的购房款,根据《中华人民共和国民法总则》(已失效)第 157 条的规定,应予以返还。一审判决并无不妥,应予维持。

相关规定

《中华人民共和国价格法》

第十三条　经营者销售、收购商品和提供服务,应当按照政府价格主管部门的规定明码标价,注明商品的品名、产地、规格、等级、计价单位、价格或者服务的项目、收费标准等有关情况。经营者不得在标价之外加价出售商品,不得收取任何未予标明的费用。

5. 开发商一房二卖，谁有权继续履行合同？

裁判规则

开发商一房二卖，一般应按照已经办理房屋所有权变更登记、合法占有房屋、买卖合同成立先后等顺序确定权利保护顺位。买受人都未办理房产转移登记的，已经合法占有该房屋的买受人具有优先权。

案号索引

最高人民法院(2019)最高法民终1014号民事判决书

案情简介

2009年3月23日，中凯公司（乙方，代理商）与电力公司（甲方，开发商）签订一份《商品房销售代理协议》约定：乙方代理销售甲方东海花园小区。乙方销售房屋的售房合同由乙方负责办理但须以甲方名义与第三方（客户）签订售房合同。2010年1月24日，中凯公司作为出卖人与买受人张某签订一份《商品房买卖合同》，约定：出售东海花园小区E5号楼。2016年1月20日，电力公司作为出卖人与买受人温某签订一份《海口商品房买卖合同》约定：出售东海花园小区E5号楼。因海南省高级人民法院生效判决判令中凯公司继续履行与张某签订的《商品房买卖合同》，且开发商协助办理网签备案及过户手续，温某提起撤销之诉，请求撤销海南省高级人民法院生效判决。

法院观点

最高人民法院认为：张某与中凯公司于2010年1月24日签订《商

品房买卖合同》。温某与电力公司于2016年1月20日签订《海口商品房买卖合同》。温某提供了相应的支付凭证证明其已支付购房款,电力公司、电网供电局亦认可收到了温某的购房款,并向温某开具发票,且温某的购房合同亦已办理了网签备案手续,符合先交房款后备案的房屋交易习惯,故根据上述证据及事实可以认定温某已依《海口商品房买卖合同》支付了购房款。张某与温某均签订了案涉房屋的买卖合同,并支付了购房款,双方均未办理房屋产权登记。张某先签订合同和支付购房款,但其并未办理网签和备案手续。温某签订合同和支付购房款在后,但其办理了网签和备案登记手续后实际占有使用了案涉房屋,在该房屋居住生活了2年之久,其办理备案登记手续也具有公示和公信的效力。故根据"一房二卖"的处理原则,应优先保护温某的权利。温某委托中凯公司职员郭某某向电力公司支付购房款,并在与电力公司签订房屋买卖合同之前足额支付购房款,符合案涉项目的销售模式,也未违反法律规定和合同的约定,故张某以此抗辩温某未支付购房款的意见,没有事实和法律依据,依法不予采纳。根据案涉《商品房销售代理协议》的约定,中凯公司不能以自己的名义与购房者订立商品房买卖合同;相比上诉人张某,温某购房交易过程较为规范:不仅已支付全部购房款并实际居住,且办理了购房合同的网签备案手续;特别是,出卖人认可温某是案涉商品房的实际购买人、居住人。根据《最高人民法院关于适用〈中华人民共和国民事诉讼法〉的解释》第109条的规定,人民法院认定民事案件中存在恶意串通事实的证明标准为排除合理怀疑,即当事人对其提出的存在恶意串通事实的主张,应提供充分的证据以达到足以排除合理怀疑的程度。上诉人张某不仅没有提供直接证据证明本案中存在恶意串通的事实,而且其有关购房价格偏低、交易过程异常、售房工作人员知悉在先购房合同、案涉房款支付凭证记载不全等间接证据,无法形成完整证据链。因此,法院不能支持其关于温某与电力公司间"恶意串通,损害国家、集体或者第三人利益"的合同属于无效的主张。而一审法院海南省高级人民法院依法保护居住人的实际占有利益，并综合考虑案涉商品房买卖合同的履行程度、交易流程、当事人诚信等因素，认为海南省高级人民法院50号民事判决中关于中凯公司继续履行《商品房买卖合同》以及限中凯公司、电力公司、电网供电局协助张某办理案涉商品房网签备案及过户手续的处理意见有损温某的合法权益并予以撤销，事实根据和法律依据充分，法院予以支持。

相关规定

《第八次全国法院民事商事审判工作会议（民事部分）纪要》

15. 审理一房数卖纠纷案件时，如果数份合同均有效且买受人均要求履行合同的，一般应按照已经办理房屋所有权变更登记、合法占有房屋以及合同履行情况、买卖合同成立先后等顺序确定权利保护顺位。但恶意办理登记的买受人，其权利不能优先于已经合法占有该房屋的买受人。对买卖合同的成立时间，应综合主管机关备案时间、合同载明的签订时间以及其他证据确定。

同类案例

在（2015）民一终字第328号案件中，最高人民法院认为：关于海南省高级人民法院14号民事判决主文是否存在错误，是否侵害许某某合法权益的问题。许某某一审的诉讼请求是，撤销海南省第二中级人民法院（2011）海南二中民初字第2号民事判决主文第一项、第二项以及海南省高级人民法院14号民事判决主文第二项。依该诉讼请求，涉及两个法律关系，一是许某某与海渔公司于2007年1月22日签订的《房产转让合同》；二是威瀚公司与海渔公司于2009年8月5日签订的《产权交易合同》。这两个法律关系所涉及的交易标的物有部分是相同的，即海渔公司与威瀚公司在《产权交易合同》中约定转让的房地产及其他资产，包括了海渔公司与许某某在《房产转让合同》中约定转让的房屋。此属于“一物二卖”的情形，导致威瀚公司与许某某的民事权利发生冲突。海南省高级人民法院14号民事判决判令海渔公司向威瀚公司交付《产权交易合同》约定转让的房地产及其他资产，意味着许某某与海渔公司签订的《房产转让合同》无法得到实际履行。许某某因此在因不可归责于其本人原因而未能参加海渔公司与威瀚公司之间的诉讼的情况下，提起本案撤销之诉。

在“一物二卖”的情况下，如果两个涉及共同标的物的合同均已发生法律效力，已经办理房地产登记的优于未办理房地产登记的；均未办理登记，先占有的优于后占有的；均未占有的，先交付全部价款的优于未交付全部价款的。但是，如果两个涉及共同标的物的合同，其中一个未发生法律效力或被认定无效，该合同买受人不具有对标的物的请求权，当然无法对抗另一合法有效的合同买受人对标的物的请求权。就本案而言，如法院第一部分所述，许某某与海渔公司签订的《房产转让合同》因所附约定生效条件未成就而未生效，合同不具有可履行性，许某某对合同项下房屋不享有请求权，当然亦不能对抗威瀚公司基于合法有效的《产权交易合同》所享有的对相关资产的请求权。

6. 购买商品房后办理预告登记，购房者可否对抗第三人的查封？

裁判规则

购买商品房后办理预告登记，购房者可以对抗第三人的查封，购房者可以提出停止处分异议，符合物权登记条件的，可以排除执行。

案号索引

最高人民法院(2021)最高法民终466号民事判决书

案情简介

陈某(买方)与皮某公司(开发商)于2011年签订《选房确认书》,陈某支付了61万元购房款并办理了189万元抵押贷款,同时陈某就案涉房屋办理了预告登记。2015年,横某公司就生效判决确认债权申请强制执行皮某公司名下资产,案涉房屋及所在土地的使用权被查封,陈某提起执行异议要求解除对案涉房屋及其土地使用权的查封。

法院观点

最高人民法院认为:根据《最高人民法院关于人民法院办理执行异议和复议案件若干问题的规定》第30条的规定,金钱债权执行中,对被查封的办理了受让物权预告登记的不动产,受让人提出停止处分异议的,人民法院应予支持;符合物权登记条件,受让人提出排除执行异议的,应予支持。陈某在人民法院查封之前受让案涉房屋,且已办理预告登记手续;案涉房屋现已通过竣工验收并完成备案,符合物权登记条件,一审认为其就案涉房屋请求排除执行可予支持,并无不当。故法院对横某公司所提一审适用法律错误的上诉理由不予支持。

相关规定

《最高人民法院关于人民法院办理执行异议和复议案件若干问题的规定》(2020修正)

第三十条　金钱债权执行中,对被查封的办理了受让物权预告登记的不动产,受让人提出停止处分异议的,人民法院应予支持;符合物权登记条件,受让人提出排除执行异议的,应予支持。

《全国法院民商事审判工作会议纪要》

127.【案外人系商品房消费者之外的一般买受人】金钱债权执行中,商品房消费者之外的一般买受人对登记在被执行人名下的不动产提出异议,请求排除执行的,《最高人民法院关于人民法院办理执行异议和复议案件若干问题的规定》第28条规定,符合下列情形的依法予以支持:一是在人民法院查封之前已签订合法有效的书面买卖合同;二是在人民法院查封之前已合法占有该不动产;三是已支付全部价款,或者已按照合同约定支付部分价款且将剩余价款按照人民法院的要求交付执行;四是非因买受人自身原因未办理过户登记。人民法院在审理执行异议之诉案件时,可参照适用此条款。

……

7. 开发商能否约定天气恶劣为不可抗力,并免除开发商延期交房的违约责任?

裁判规则

在认定开发商是否因不可抗力事由予以免责的问题时,即便合同有约定,也应从法律意义上的不可抗力标准进行判断,开发商主张的天气因素不属于不可抗力事由,不能免除逾期交房违约责任。

案号索引

广东省深圳市中级人民法院(2021)粤03民终9807号民事判决书

案情简介

赵某与西某公司签订了《深圳市房地产买卖合同(预售)》,购买西某公司某套房产,双方在补充协议中约定,在本项目施工期间,如出现日均降水量超过25mm,气温高于35℃以上(不含本数),黄色及以上级别预警信号台风等情况,均属于不可抗力。赵某已履行支付房款的义务,但西某公司延期交房,赵某向法院起诉请求西某公司承担延期交房责任,但西某公司在诉讼过程中以天气恶劣为理由,主张不承担相关责任。

法院观点

双方在合同中对"不可抗力"情形予以具体约定,实质是约定上述情形下免除开发商延期交房违约责任。依照《中华人民共和国合同法》第40条①的规定,提供格式条款一方免除其责任的,该条款无效。因此,在认定开发商是否因不可抗力事由予以免责的问题时,仍应从法律意义上的不可抗力标准进行判断。因涉案楼盘建筑工程周期较长,在整个周期中,势必会遇到恶劣天气,该恶劣天气是可以预见并可以在订立预售合同时予以相应调整。开发商主张的天气因素不属于不可抗力事由,涉及的36天不应在逾期天数中予以扣除。

① 已失效,对应《中华人民共和国民法典》第497条。

相关规定

《中华人民共和国民法典》

第四百九十六条　格式条款是当事人为了重复使用而预先拟定，并在订立合同时未与对方协商的条款。

采用格式条款订立合同的，提供格式条款的一方应当遵循公平原则确定当事人之间的权利和义务，并采取合理的方式提示对方注意免除或者减轻其责任等与对方有重大利害关系的条款，按照对方的要求，对该条款予以说明。提供格式条款的一方未履行提示或者说明义务，致使对方没有注意或者理解与其有重大利害关系的条款的，对方可以主张该条款不成为合同的内容。

第四百九十七条　有下列情形之一的，该格式条款无效：

（一）具有本法第一编第六章第三节和本法第五百零六条规定的无效情形；

（二）提供格式条款一方不合理地免除或者减轻其责任、加重对方责任、限制对方主要权利；

（三）提供格式条款一方排除对方主要权利。

同类案例

在（2017）闽06民终2518号案件中，福建省漳州市中级人民法院认为：汇某公司作为讼争商品房出卖人，应提供证据证明存在足以影响工程施工的气象事由、重大技术改变、停电、停工等事由，亦应提供证据证明以上事由已实际影响到工程的施工。对此，汇某公司只提供一份气象报告，但未提供其他证据相互佐证上述原因已经实际影响到工程施工，或符合双方合同所约定的可据实予以延期的情形，应承担举证不能的法律后果。故法院对其提出的因气象事由可顺延271天的主张不予采信。

8. 开发商与买方共同违法加建，导致逾期办证，责任应当由谁承担？

裁判规则

开发商与买方共同违法加建，导致逾期办证的，开发商和购房者共同承担逾期办证的责任。

案号索引

广东省深圳市宝安区人民法院(2020)粤0306民初35416号民事判决书

案情简介

瑞某公司(被告)在销售涉案小区一手楼时对部分房产进行了加建宣传，而且指定装修方为购房者提供加建施工服务，购房者罗某(原告)在签订一手楼购房合同的同时与指定装修企业签订《房屋施工委托协议》，其后由该装修企业实施加建。施工完毕后，由于相关行政管理部门核查到该小区存在大量加建钢筋混凝土结构建筑物，依法于2018年9月3日进行了处罚和权利限制，该权利限制于2018年9月19日解除，涉案房地产项目业于2018年11月16日办理了房地产初始登记。因涉案房产延期办证近2年，购房者罗某遂诉至法院请求瑞某公司承担每日4‱的延期办证违约金。

法院观点

本案存在加建情形，被告瑞某公司以违法加建导致逾期办理房地产证为由提出抗辩。据该小区的其他类案生效法律文书查明，被告在销售涉案小区一手楼时对部分房产进行了加建宣传，而且指定装修方为购房者提供加建施工服务，购房者在签订一手楼购房合同的同时与指定装修企业签订《房屋施工委托协议》，其后由该装修企业实施加建。施工完毕后，由于相关行政管理部门核查到该小区存在大量加建钢筋混凝土结构建筑物，依法进行了处罚和权利限制。权利限制客观上导致延迟办证，而加建行为系权利限制的直接原因，据上述事实的核实和认定，加建行为实质为原、被告共同所为，均存在过错。因此，原告对被告瑞某公司逾期办证存在一定的过错，故对加建造成的逾期办证后果不应当全部由被告瑞某公司承担。结合双方的过错程度，法院酌情判令瑞某公司应当按照购房总价款每日2‰的标准向已实施加建行为的原告支付延期办证违约金。

相关规定

《中华人民共和国民法典》

第五百九十二条　当事人都违反合同的，应当各自承担相应的责任。

当事人一方违约造成对方损失，对方对损失的发生有过错的，可以减少相应的损失赔偿额。

同类案例

在(2020)粤03民终25656～25664号案件中，广东省深圳市中级人民法院认为：上诉人主张因涉案房产存在搭板改建等情况，其办证义务应因此顺延。对此法院认为，首先，上诉人提到的其他买受人向该公司主张迟延交房违约金的另案纠纷中，生效判决虽认定上诉人迟延交房与搭板、燃气改造具有一定因果关系，但房屋交付与办理房地产证系开发商不同的义务，不能据此认定上诉人迟延办证与搭板、燃气改造亦存在因果关系。其次，根据合同约定，上诉人应在取得工程竣工验收证明文件之日起180日内即2016年3月22日前办理完毕初始登记，但上诉人在此期限内尚未申请办理初始登记，其本身已构成迟延履行。最后，在本九案中上诉人未能提交证据证明逾期办理初始登记与搭板及燃气改造之间具有因果关系，应承担举证不能的法律后果，且涉案房地产项目在未拆除搭板改造的情况下仍然办理了初始登记，该事实说明搭板改造并不导致涉案房地产项目无法办理初始登记。故上诉人该上诉主张缺乏依据，法院不予采纳。

9. 业主能否以开发商交房时未通燃气为由拒绝收房？

裁判规则

购房合同中约定交付条件为“取得竣工验收备案表”的，业主不可因开发商交房时房屋未通燃气而拒绝收房。

案号索引

广东省高级人民法院(2019)粤民再420号民事裁定书

案情简介

2013年9月8日，包某、保某公司签订一份编号为Y180584的《商品房买卖合同》，该合同约定包某向保某公司购买位于佛山市的某商品房，总价为891,974元，该商品房已于2014年12月20日前完成交付。合同签订后，包某向保某公司交付了所有购房款。

2014 年 12 月 16 日，保某公司通过 EMS 的方式向包某发出了《收楼通知书》，但包某以案涉房屋未通燃气为由拒绝收房。

2015 年 6 月 15 日，包某在案涉小区完成市政接驳通气工作后办理入住，并向法院起诉要求保某公司承担自 2014 年 12 月 20 日起至 2015 年 6 月 15 日的延期交房违约责任。

法院观点

广东省佛山市顺德区人民法院（一审法院）认为：根据合同约定保某公司应在 2014 年 12 月 20 日前将符合本合同附件二所约定的装饰和设备标准并能正常使用的商品房交付给包某使用。本案中虽然保某公司在建造中铺设了燃气管道，但庭审已查明包某收楼时并未通气，从购房者购房心态来看是为了正常居住，收楼后燃气无法使用的情况，必然会影响包某的正常居住使用。因此，保某公司交付给包某的商品房并不符合合同约定的交付条件……由于案涉商品房燃气管道未通气，导致包某无法正常居住使用，保某公司对此应承担相应的违约责任。

广东省高级人民法院认为：案涉《商品房买卖合同》附件三（补充协议）第 3 条第 5 项将房屋的交付条件明确约定为“取得竣工验收备案表”。因上述约定交房条件与法定交付标准一致，案涉《商品房买卖合同》附件三第 3 条第 5 项关于房屋交付条件的约定并未减轻、免除保某公司的法定责任，亦未限制、排除买受人包某的法定权利，不属于《中华人民共和国合同法》（已失效）第 39 条、第 40 条规定的格式条款未成立或者无效情形，该约定对合同双方均具有法律约束力。经查明，案涉商品房在约定交付日期前已通过竣工验收并办理了备案手续，符合合同约定交付条件，在保某公司如期发出收楼通知的情况下，包某应当依约配合办理收楼手续。本案中，案涉房屋虽然在约定交付日期前尚未接通燃气，但保某公司交付不符合双方约定装修、设备标准的商品房，构成瑕疵交付，包某以此为由拒绝收楼不符合案涉《商品房买卖合同》附件三第 3

条第5项的约定。包某据此诉请主张保某公司迟延交楼并承担逾期交楼违约责任没有合同依据。原审判决支持包某主张的逾期交楼违约责任,与合同约定不符,法院予以纠正。包某就保某公司的瑕疵交付行为可另循法律途径救济。

相关规定

《中华人民共和国民法典》

第五百八十二条　履行不符合约定的,应当按照当事人的约定承担违约责任。对违约责任没有约定或者约定不明确,依据本法第五百一十条的规定仍不能确定的,受损害方根据标的的性质以及损失的大小,可以合理选择请求对方承担修理、重作、更换、退货、减少价款或者报酬等违约责任。

第六百一十七条　出卖人交付的标的物不符合质量要求的,买受人可以依据本法第五百八十二条至第五百八十四条的规定请求承担违约责任。

相反案例

【裁判规则】业主可以开发商交房时未通燃气为由拒绝收房,但合同中对交付条件有明确相反约定的除外。

【法院观点】在(2020)粤民申7428号案件中,广东省高级人民法院认为:陈某实际收楼时间是2018年11月12日。涉案合同约定精装修房的交付时间应为2017年11月30日前,天海公司虽然在2017年11月即已按照合同约定通知陈某收楼,但此时涉案房屋燃气管道不能正常使用,故不符合交付条件。在涉案房屋不符合交楼条件的情形下,陈某可以拒绝收楼,天海公司应承担相应的逾期交楼违约责任。

10. 新房竣工验收备案并交付业主后，房屋漏水，开发商除应履行修复义务外，还应向业主赔偿哪些损失？

裁判规则

开发商交付的新房如发生渗漏等质量问题，影响房屋正常的使用、收益时，开发商除应当赔偿装修费、鉴定费外，还应赔偿租金损失及物业管理费损失。但业主亦应当采取适当措施防止损失的扩大，开发商赔偿业主不超过6个月租金和物业管理费损失。

案号索引

广东省深圳市中级人民法院(2020)粤03民终15408－15437号民事判决书

案情简介

方某某等32人(买方，原告)向开发商金某公司(被告)购买商品房，并签订了《深圳市房地产买卖合同(预售)》和《装修协议》。《装修协议》约定"甲方确保2019年1月30日之前装修完毕并交付乙方"。

但是，涉案业主在2019年1月30日收房后发现房屋漏水，便即时就阳台、卫生间渗漏等质量问题向金某公司提出主张，开发商进行一次修复后，业主发现仍然存在漏水现象。

于是，方某某等起诉到法院，要求开发商承担鉴定费、装修损失、房屋租金损失、物业管理费损失。

一审法院委托鉴定，鉴定结果表明涉案房屋防水不符合设计图纸要求。

2020 年 3 月 30 日，买方与开发商就赔偿装修费和鉴定费签订《和解协议》，但租金和物业费损失交由法院裁决。

法院观点

广东省深圳市中级人民法院认为：根据涉案《深圳市房地产买卖合同（预售）》《装修协议》的相关约定，金某公司应当按照合同约定向业主交付质量合格的房屋，因质量问题造成的损失应当由金某公司予以赔偿。本案中，涉案业主在收房后便即时就阳台、卫生间渗漏等质量问题向金某公司提出主张，阳台和卫生间作为房屋的重要功能区域，阳台和卫生间的渗漏必然会影响业主对新交付房屋进行正常的使用、收益，金某公司应当向涉案业主赔偿由此造成的损失，在双方对上述损失的计算方式未有明确约定的情况下，涉案业主向金某公司主张赔偿相应的租金损失以及物业管理费损失，法院依法予以支持。关于租金和物业管理费损失的计算标准，《和解协议》约定“原告承诺，在收到被告支付的本协议第 1 条约定的款项后 5 日内，向法院递交变更诉讼请求的申请，将主张‘不能正常使用房屋的损失’的截止日期明确为收到款项之日起 30 日止”，涉案业主根据上述协议的内容主张租金和物业管理费损失应当自 2019 年 1 月 31 日（《装修协议》约定交付日期之次日）计算至 2020 年 4 月 3 日（《和解协议》约定的收到赔偿款项后 30 日）。结合涉案小区部分业主另外委托第三方进行维修的情况、《和解协议》载明的相关期限以及各方的主张可知，实际修复所需时间一般情况下为 30 日左右，双方对修复方案无法达成一致导致修复工作延迟即损失扩大，虽然金某公司交付的房屋存在质量问题构成违约，但涉案业主亦应当采取适当措施防止损失继续扩大，原审法院综合考虑维修期限、扩大损失的过错程度等因素，酌情判令金某公司、金某源公司赔偿涉案业主 6 个月租金和物业管理费损失并无不当，依法予以维持。

相关规定

《中华人民共和国民法典》

第五百九十一条第一款 当事人一方违约后,对方应当采取适当措施防止损失的扩大;没有采取适当措施致使损失扩大的,不得就扩大的损失请求赔偿。

《最高人民法院关于审理商品房买卖合同纠纷案件适用法律若干问题的解释》(2020 修正)

第十条 因房屋质量问题严重影响正常居住使用,买受人请求解除合同和赔偿损失的,应予支持。

交付使用的房屋存在质量问题,在保修期内,出卖人应当承担修复责任;出卖人拒绝修复或者在合理期限内拖延修复的,买受人可以自行或者委托他人修复。修复费用及修复期间造成的其他损失由出卖人承担。

同类案例

【裁判规则】新房存在渗水现象,但已经通过竣工验收备案,不构成逾期交房,但影响入住,应赔偿租金损失。租金损失从业主收房之日开始计算到实际修复完成房屋之日止。

【法院观点】在(2019)闽 01 民终 235 号案件中,福建省福州市中级人民法院认为:关于刘某某、周某某在本案中的损失如何认定的问题。刘某某、周某某(买方,原告)基于房屋存在质量问题尚未达到交房条件诉请中某公司(开发商,被告)支付逾期交房违约金、赔偿损失,虽然经审理认定中某公司不构成逾期交房,但因案涉房屋确实存在因卫生间渗水修复影响房屋入住使用的问题,故刘某某、周某某诉请赔偿损失应予支持。刘某某、周某某起诉时诉请中某公司赔偿损失 3000 元,一审庭审过程中,刘某某、周某某明确其该损失应按照3000元/月从2017年12月计算到2018年3月1日,一审法院认定该损失从合同约定的交房之日的第二天(2018年1月1日)计算到刘某某、周某某收到(刘某某、周某某自认)中某公司向其发出的维修验收手续中约定办理验收手续的时间(2018年2月7日),于法有据,予以维持。

11. 购买生活消费居住房产时遭受欺诈,买方能否依据《中华人民共和国消费者权益保护法》第55条主张惩罚性赔偿?

裁判规则

购买生活消费居住房产时遭受欺诈,买方可以依据《中华人民共和国消费者权益保护法》第55条主张惩罚性赔偿,但卖方一般以买方所遭受的实际损失为范畴承担惩罚性赔偿责任。

案号索引

安徽省芜湖市繁昌区人民法院(2022)皖0211民初273号民事判决书

案情简介

2012年10月24日,潘某(买方)与中辰公司(卖方)签订了商品房买卖合同,潘某购买中辰公司开发的中辰一品小区某房屋。

2012年年底,中辰公司向潘某销售了该房屋地下"储藏室"一间,潘某支付价款30,000元。后因污水管道破裂无法使用等问题,中辰公司另行调换"储藏室×"并交付给了潘某,且双方于2015年11月17日就案涉“储藏室”签订了《地下储藏室使用权转让合同》。因面积比之前购买的“储藏室”小，中辰公司退还潘某4000元购房款（以物业券形式），2015年11月23日中辰公司向潘某出具了正式发票，发票载明：“预收购房款30,000元（某房屋附储藏室）”。

2021年8月6日，政府行政执法局公告了一份《限期拆除公告》，将案涉“储藏室”定性为违建，要求中辰公司限期拆除。

2022年2月25日，潘某在商品房买卖合同纠纷庭审过程中增加诉讼请求，要求解除与中辰公司签订的《地下储藏室使用权转让合同》。

潘某认为，中辰公司作为开发商，应当清楚自身规划情况。其在明知违反规划法的情况下，仍旧恶意销售地下室，遂向法院起诉要求中辰公司退还30,000元的地下室购房款并依据《中华人民共和国消费者权益保护法》第55条主张惩罚性赔偿。

法院观点

安徽省芜湖市繁昌区人民法院认为：本案中，潘某是为生活消费（储藏物品、停车）需要购买商品，其权益应受《中华人民共和国消费者权益保护法》保护。关于中辰公司提供商品时是否存在欺诈，法院认为中辰公司作为中辰一品小区的开发商，明知案涉的“储藏室”是违建（公司自行违规改建架空层而成），但是其故意隐瞒该“储藏室”为违建的事实而向潘某销售，中辰公司也未提交证据证明潘某对“储藏室”系违建知情，故认定中辰公司提供商品时存在欺诈行为。

鉴于潘某在明知该“储藏室”不能办理过户登记手续的情况下，应该尽到合理审查义务，进一步核实“储藏室”的权属和是否存在违建等相关情况，但其未予核实就予以购买，自身也存在一定的过错。另外，解除该使用权转让合同，对潘某的损失较小。

综上，法院认为，中辰公司应承担的赔偿金额为购买价款的30%即7800元较为适宜。

相关规定

《中华人民共和国消费者权益保护法》

第五十五条第一款　经营者提供商品或者服务有欺诈行为的,应当按照消费者的要求增加赔偿其受到的损失,增加赔偿的金额为消费者购买商品的价款或者接受服务的费用的三倍;增加赔偿的金额不足五百元的,为五百元。法律另有规定的,依照其规定。

相反案例

【裁判规则】《中华人民共和国消费者权益保护法》针对的是普通消费品和服务存在欺诈问题,商品房买卖合同涉及金额巨大,判决3倍赔偿将会导致巨大利益失衡。

【案例一】在(2020)赣09民终2357号案件中,江西省宜春市中级人民法院认为:买受人主张解除《商品房买卖合同》理由成立。英龙公司违反了合同约定应承担的义务,构成违约,其行为导致涉案别墅的采光、视野受限,影响买受人生活质量。买受人主张英龙公司支付30万元违约金的理由不成立。《中华人民共和国消费者权益保护法》针对的是普通消费品和服务存在有假冒伪劣、短斤少两等欺诈问题,商品房买卖合同涉及金额巨大,判决3倍赔偿将会导致巨大利益失衡。一审判决的违约金121,458元并无不当。

【案例二】在(2021)最高法民申2322号案件中,最高人民法院认为:《中华人民共和国消费者权益保护法》第55条规定,经营者提供商品或者服务有欺诈行为的,应当按照消费者的要求增加赔偿其受到的损失,增加赔偿的金额为消费者购买商品的价款或者接受服务的费用的3倍。本案中,李某所购买的案涉房产是商业房产而不是生活消费居住房产，不属于《中华人民共和国消费者权益保护法》所调整的范围。

12. 商品房消费者买受人请求解除买卖合同，能否要求优先返还购房款？

裁判规则

商品房消费者买受人请求解除买卖合同，可以要求优先返还购房款，买受人享有的购房款返还请求权优先于建设工程价款及抵押权受偿。

案号索引

浙江省高级人民法院(2019)浙民再545号民事判决书

案情简介

2010年9月30日，赵某向亚西亚公司确认购房意向，向亚西亚公司交付了购房定金10万元。同年11月1日，赵某正式与亚西亚公司签订《浙江省商品房买卖合同》，向亚西亚公司购买杭州市江干区阳光景台公寓×幢×单元××××室房屋，并于当日向亚西亚公司支付购房款733,070元，剩余购房款83万元向银行贷款，相关贷款手续由亚西亚公司帮助办理，合同文本全部由亚西亚公司管理。此后，赵某一直等待亚西亚公司交房。赵某实际于2010年9月29日支付20,000元，9月30日支付80,000元，11月1日支付733,070元。2016年7月，亚西亚公司通知赵某参加亚西亚公司破产会议，赵某提出不要求破产债权，要求拿房屋，亚西亚公司表示同意。几天后，亚西亚公司告知赵某所购买的案涉房屋早于2014年已经被浙江省湖州市南浔区人民法院拍卖归还亚西亚公司欠他人的债务。因亚西亚公司未将此事告知赵某，致使赵某丧失了提出异议权。赵某遂向法院起诉请求判令:(1)确认赵某购房款833,070元,同时,亚西亚公司赔偿赵某违约金349,651元,两者共计1,182,721元;(2)确认赵某的1,182,721元款项在亚西亚公司破产财产中享有优先受偿权。

法院观点

《最高人民法院关于建设工程价款优先受偿权问题的批复》第2条①规定:“消费者交付购买商品房的全部或者大部分款项后,承包人就该商品房享有的工程价款优先受偿权不得对抗买受人。”《最高人民法院关于人民法院办理执行异议和复议案件若干问题的规定》第29条规定:“金钱债权执行中,买受人对登记在被执行的房地产开发企业名下的商品房提出异议,符合下列情形且其权利能够排除执行的,人民法院应予支持:(一)在人民法院查封之前已签订合法有效的书面买卖合同;(二)所购商品房系用于居住且买受人名下无其他用于居住的房屋;(三)已支付的价款超过合同约定总价款的百分之五十。”《最高人民法院针对山东省高级人民法院就处置济南彩石山庄房屋买卖合同纠纷案请示的答复》[(2014)执他字第23号、第24号]指出:《最高人民法院关于建设工程价款优先受偿权问题的批复》明确规定了“房屋买受人的权利优先于建筑工程承包人的优先受偿权与抵押权人的抵押权,体现了优先保护处于相对弱势地位的房屋买受人的精神。基于《批复》保护处于弱势地位的房屋买受人的精神,对于《批复》第二条‘承包人的工程价款优先受偿权不得对抗买受人’的规定,应当理解为既不得对抗买受人在房屋建成情况下的房屋交付请求权,也不得对抗买受人在房屋未建成等情况下的购房款返还请求权……与执行程序相比,破产程序能更好地清理债权债务。在破产程序中,《批复》关于优先保护商品房买受人权利

① 已失效,对应《最高人民法院关于商品房消费者权利保护问题的批复》第2条。

的规定也应予以适用，请你院考虑可否引导相关案件通过破产程序处理。”上述司法解释及最高人民法院答复意见表明，商品房买受人的权利，包括房屋建成情况下的房屋交付请求权和房屋未能交付情形下的购房款返还请求权，均应优先于建筑工程承包人的优先受偿权和抵押权人的抵押权。本案案涉房屋系住宅，而赵某在杭州市又无其他住房，且其已经实际向亚西亚公司支付超过一半的购房款计 833,070 元，在亚西亚公司未能交付案涉房屋的情形下，根据前述规定，赵某要求返还购房款的请求权在亚西亚公司破产程序中理当享有优先于建设工程价款及抵押权受偿的权利。亚西亚公司提出，案涉房屋已经被人民法院强制拍卖，房屋产权已经不再登记在亚西亚公司名下，故赵某不应享有优先受偿权。然如前所述，房屋买受人的购房款返还请求权享有优先受偿的权利，系以房地产开发企业未能实际交付房屋为前提条件，至于房屋是否仍登记在房地产开发企业名下，并不影响该优先受偿权的成立。

相关规定

《最高人民法院关于商品房消费者权利保护问题的批复》

二、商品房消费者以居住为目的购买房屋并已支付全部价款，主张其房屋交付请求权优先于建设工程价款优先受偿权、抵押权以及其他债权的，人民法院应当予以支持。

只支付了部分价款的商品房消费者，在一审法庭辩论终结前已实际支付剩余价款的，可以适用前款规定。

《最高人民法院关于审理建设工程施工合同纠纷案件适用法律问题的解释(一)》

第三十六条　承包人根据民法典第八百零七条规定享有的建设工程价款优先受偿权优于抵押权和其他债权。

同类案例

【案例一】在(2021)最高法民申1380号案件中,最高人民法院认为:彭某、谢某与金穗公司之间签订的是《内部认购申请书》,据此交付的款项为“认购订金”,约定“该款项于正式签订《房屋买卖合同》时自动转为房款”。虽然双方事后未能签订《房屋买卖合同》,但双方当事人均同意上述款项属于《最高人民法院关于建设工程价款优先受偿权问题的批复》第2条规定的“消费者交付购买商品房的款项”。原判决根据前述司法解释以及答复意见的逻辑关系,并基于对案涉购房消费者的统一平等保护以及实现案件处理的实质公平,认为彭某、谢某作为购房消费者享有的购房款返还请求权优先于长城资产广西分公司享有的抵押权予以受偿,驳回长城资产广西分公司的诉讼请求,符合本案实际,处理意见较为公允,法院予以认可。

【案例二】在(2019)苏民申2878号案件中,江苏省高级人民法院认为:(1)交付购买商品房的全部或大部分款项的消费者权利优先于建设工程承包人的工程价款优先权,建设工程承包人的工程价款优先权优先于抵押权和其他债权。《最高人民法院关于建设工程价款优先受偿权问题的批复》第1条规定:“人民法院在审理房地产纠纷案件和办理执行案件中,应当依照《中华人民共和国合同法》第二百八十六条的规定,认定建筑工程的承包人的优先受偿权优于抵押权和其他债权。”第2条规定:“消费者交付购买商品房的全部或者大部分款项后,承包人就该商品房享有的工程价款优先受偿权不得对抗买受人。”故一审、二审判决认定支付商品房的全部或大部分款项的消费者权利、建设工程承包人的工程价款优先受偿权、抵押权和其他债权之间的权利保护顺位上存在先后的递进关系,于法有据。另外,华融公司向房管部门出具的同意销售抵押物的《资产抵押情况说明》,证实华融公司已经认可销售相关抵押房屋,目前抵押房屋已经被销售给购房人,且购房人亦向开发商支付了购房款。开发商此后有无将收取的购房款用于优先清偿华融公司的债权系开发商与华融公司之间的法律关系,与购房人无关。(2)交付50%以下房款消费购房人的已付房款因合同解除可以优先返还。消费者购买商品房涉及生存权利,单纯以交付房款的比例是否达到50%来认定消费购房人的权利是否给予优先保护,不利于维护民生和社会稳定,亦不符合平等原则。本案中,因该部分消费者交付购房款比例在50%以下,管理人依职权解除购房合同,并将消费者已付房款优先于建设工程承包人的工程价款、抵押权人的抵押债权返还,并无不当。

13. 开发商破产案件中,商品房买受人支付房款未过半,其已付房款的返还请求权能否优先于建设工程价款请求权?

裁判规则

开发商破产程序中,商品房买受人支付房款未过半,其已付房款的返还请求权能优先于建设工程价款请求权。

案号索引

江苏省南通市中级人民法院(2015)通中民终字第00488号民事判决书

案情简介

开发商润通公司因资不抵债进入破产程序,债权申报的债权人中有已经缴纳定金的买方6户以及补充申报已缴纳首期款的5户,已付购房款199万元均未达到总房款50%,破产管理人认定11户买方的已付购房款返还债权优先于建设工程承包方的优先受偿权,承包方不服向法院起诉。

法院观点

江苏省南通市中级人民法院认为:购房户所缴纳的购房款虽然不完全符合建设工程价款优先受偿权司法解释规定,但是其余购房户所缴购房款同样物化在建设工程中,如果允许承包人行使优先权,相当于用消费者的资金清偿开发商债务,即开发商将自身债务转移给消费者。况且未达到支付过半购房款的第三人在条件成就时亦可通过补足房款达到过半以上,法律也不应将该消费者权利予以排斥。最终法院判决支持破产管理人认定11户买方的已付购房款返还债权优先于建设工程承包方的优先受偿权的清偿顺序。

相关规定

《最高人民法院关于商品房消费者权利保护问题的批复》

二、商品房消费者以居住为目的购买房屋并已支付全部价款,主张其房屋交付请求权优先于建设工程价款优先受偿权、抵押权以及其他债权的,人民法院应当予以支持。

只支付了部分价款的商品房消费者,在一审法庭辩论终结前已实际支付剩余价款的,可以适用前款规定。

同类案例

在(2021)鄂民终1241号案件中,开发商日盛公司因资不抵债被裁定进入破产程序,名下数栋房屋被拍卖。债权人中有13位购房者未付至购房合同约定价的50%,且签订房屋买卖合同时间晚于房屋查封时间,执行部门于分配时将购房者债权认定为优先于普通债权、劣后于抵押权的债权。湖北省高级人民法院认为:曹某等人支付的购房款均未超过合同约定价款的50%,其中段某等4人与日盛公司签订购房协议的时间均为2015年4月,且协议约定购买的商品房均位于"日盛家园"5号楼,因该楼栋在2014年7月31日即被一审法院查封,不属于在人民法院查封之前已经签订合法有效的书面买卖合同;综上,债权清偿意见书中列明的优先受偿之房屋买卖合同纠纷中曹某等13名购房者不能认定为《最高人民法院关于人民法院办理执行异议和复议案件若干问题的规定》第29条中所称的商品房消费者,其债权不享有优于抵押权的优先性。但上述债权人均系处于弱势地位的房屋买受人,其向日盛公司所支付的款项也是用于购买其赖以生存的房屋,综合各方主体利益平衡等因素,执行部门分配时将该部分债权优先于普通债权受偿并无不妥。

14. 不符合商品房消费者条件的一般买受人,其对所购房屋享有的权利是否优先于抵押权?

裁判规则

被认定为商品房消费者需要满足以下条件:(1)在人民法院查封之前已签订合法有效的书面买卖合同;(2)所购商品房系用于居住且买受人名下无其他用于居住的房屋;(3)已支付的价款超过合同约定总价款的50%。若不能满足此等条件,就是商品房一般买受人,其对所购房屋享有的权利不能优先于抵押权。

案号索引

江苏省泰州市中级人民法院(2021)苏12民终1928号民事判决书

案情简介

田某向费某等人购买案涉房屋,房屋规划用途为非住宅,土地用途为商务金融用地。费某等人另向富民公司借款并在案涉房产设定抵押,后费某无法偿还富民公司借款,富民公司强制查封了费某的房屋,田某遂以购房人的身份提出了执行异议。

法院观点

购房人的权利优先还是抵押权优先,应当区分是否为消费者购房人,如果是一般购房人,其取得的不是物权期待权,本质是债权,其并不优先于抵押权。如果是消费者购房人,基于生存利益至上的考虑,其权利优先于抵押权。实际上,购房人的权利是否优先于抵押权,取决于其是一般购房人还是消费者购房人。

本案中,案涉房产系商铺,上诉人并非基于居住而购买案涉房屋,不是商品房消费者,而是一般的房屋买卖合同的买受人,其对案涉房屋享有的权利不能对抗被上诉人在案涉房屋上设定的抵押权,不足以排除法院的强制执行。一般不动产买受人即便符合《最高人民法院关于人民法院办理执行异议和复议案件若干问题的规定》(2020 修正,以下简称《执行异议和复议规定》)第 28 条的规定,也不能对抗抵押权人。上诉人要对抗已办理抵押权登记的被上诉人的优先地位,必须符合《执行异议和复议规定》第 29 条的规定。执行异议与执行异议之诉虽同为执行中对于第三人权利的救济制度,但性质不同。执行异议为执行程序,而执行异议之诉为审判程序。执行程序的价值理念为“效率优先,兼顾公平”,而审判程序的价值理念为“公平优先,兼顾效率”。前置异议审查程序对执行异议之诉的裁判结果不能产生影响,两者的审查程序和标准也有所不同。执行异议以形式审查为原则,以实质审查为例外。而执行异议之诉作为审判程序,有一审、二审和再审程序,对于当事人的保护更为周到……综上所述,上诉人(请求判决停止对案涉房屋查封)的上诉理由,没有事实和法律依据,其上诉请求依法应予驳回。

相关规定

《全国法院民商事审判工作会议纪要》

126.【商品房消费者的权利与抵押权的关系】根据《最高人民法院关于建设工程价款优先受偿权问题的批复》第1条、第2条的规定,交付全部或者大部分款项的商品房消费者的权利优先于抵押权人的抵押权,故抵押权人申请执行登记在房地产开发企业名下但已销售给消费者的商品房,消费者提出执行异议的,人民法院依法予以支持。但应当特别注意的是,此情况是针对实践中存在的商品房预售不规范现象为保护消费者生存权而作出的例外规定,必须严格把握条件,避免扩大范围,以免动摇抵押权具有优先性的基本原则。因此,这里的商品房消费者应当仅限于符合本纪要第125条规定的商品房消费者。买受人不是本纪要第125条规定的商品房消费者,而是一般的房屋买卖合同的买受人,不适用上述处理规则。

15. 楼盘烂尾,预售房屋业主是否可以停止还款?

裁判规则

楼盘烂尾预售房屋业主对购房合同解除无过错,买方无须偿还贷款,由开发商偿还。

案号索引

最高人民法院(2018)粤03民终23780号民事判决书

案情简介

王某等业主购买越州公司预售的商品房,建行青海分行提供按揭贷款。银行与业主的《借款合同》约定:“贷款人与借款人的借贷关系解除的,借款人应当立即返还其所欠贷款的本金、利息、罚息及实现债权的费用,或委托售房人直接将上述款项归还贷款人。”后来案涉楼盘无法完工,另案生效判决确认开发商应当偿还银行借款后,银行未执行到位,银行只好又通过本案起诉请求判令买方王某等三人与开发商越州公司共同偿还贷款本金。

法院观点

第一,关于案涉《借款合同》解除后的贷款返还责任主体问题。《最高人民法院关于审理商品房买卖合同纠纷案件适用法律若干问题的解释》(2003)(以下简称《商品房买卖合同司法解释》)第25条第2款规定:“商品房买卖合同被确认无效或者被撤销、解除后,商品房担保贷款合同也被解除的、出卖人应当将收受的购房贷款和购房款的本金及利息分别返还担保权人和买受人。”本案中,因越州公司未按照约定期限交付房屋,致使案涉《商品房预售合同》解除,《借款合同》《抵押合同》因合同目的无法实现亦被解除。根据《商品房买卖合同司法解释》第25条第2款[①],应由出卖人越州公司将收取的购房贷款本金及利息返还建行青海分行,王某等三人不负有返还义务。

第二,关于案涉《借款合同》中相关格式条款的适用问题。案涉《借

① 2020年修正后为第21条第2款。

款合同》第 19 条载明:“贷款人与借款人的借贷关系解除的,借款人应当立即返还其所欠贷款的本金、利息、罚息及实现债权的费用,或委托售房人直接将上述款项归还贷款人。”该条款系建行青海分行为重复使用而提前拟定的格式条款。在《商品房买卖合同司法解释》已经明确规定,商品房买卖合同和商品房担保贷款合同解除后,出卖人将收取的购房贷款的本金及利息直接返还给贷款人而非购房人(借款人)的情况下,建行青海分行拟定该条内容,意味着要求王某等三人在既未取得所购房屋亦未实际占有购房贷款的情况下归还贷款,明显不合理地加重了王某等三人的责任,根据《中华人民共和国合同法》第 40 条①“……提供格式条款一方免除其责任、加重对方责任、排除对方主要权利的,该条款无效”的规定,该条款对王某等三人不具有拘束力。

第三,关于商品房按揭贷款商业模式下各方当事人权利义务关系问题。本案涉及商品房买卖合同和商品房担保贷款合同双重法律关系。从合同内容来看,在商品房买卖合同中,王某等三人支付房款,越州公司交付房屋;在商品房担保贷款合同中,建行青海分行将王某等三人所贷款项直接支付给越州公司,越州公司实际用款。王某等三人并不支配购房贷款,但需偿付贷款本息。如果案涉合同正常履行,王某等三人取得房屋,各方权利义务亦可保持平衡。但本案中,因越州公司不能交付房屋而致使合同解除,导致合同约定的各方权利义务严重失衡。具体表现为:越州公司违约不能交房导致各方合同解除,但却实际占有使用王某等三人支付的首付款及建行青海分行的按揭贷款;建行青海分行依据合同约定既享有抵押权,又同时享有对越州公司、王某等三人的债权;王某等三人未取得房屋,却既支付了首付款,又需要偿还按揭贷款。若按合同约定的权利义务关系处理,则在王某等三人对合同解除无过错的情况下,仍要求其对剩余贷款承担还款责任,明显不合理地加重了其负担,各

---

① 已失效,对应《中华人民共和国民法典》第 497 条。

方权利义务失衡,有违公平原则。因此,审理案件时,必须充分考虑商品房按揭贷款商业模式下各合同之间的密切联系和各方权利义务关系的平衡问题,避免因强调单个合同的相对性而造成三方权利义务的失衡。综上,建行青海分行请求王某等三人归还剩余贷款并支付利息的请求不能成立。

相关规定

《最高人民法院关于审理商品房买卖合同纠纷案件适用法律若干问题的解释》(2020修正)

第二十条 因商品房买卖合同被确认无效或者被撤销、解除,致使商品房担保贷款合同的目的无法实现,当事人请求解除商品房担保贷款合同的,应予支持。

第二十一条 以担保贷款为付款方式的商品房买卖合同的当事人一方请求确认商品房买卖合同无效或者撤销、解除合同的,如果担保权人作为有独立请求权第三人提出诉讼请求,应当与商品房担保贷款合同纠纷合并审理;未提出诉讼请求的,仅处理商品房买卖合同纠纷。担保权人就商品房担保贷款合同纠纷另行起诉的,可以与商品房买卖合同纠纷合并审理。

商品房买卖合同被确认无效或者被撤销、解除后,商品房担保贷款合同也被解除的,出卖人应当将收受的购房贷款和购房款的本金及利息分别返还担保权人和买受人。

同类案例

【案例一】在(2018)粤民申7516号案件中,广东省惠州市中级人民法院和广东省高级人民法院认为:被告作为专业的银行金融机构,对于预售商品房市场中预售资金存入非专用账户而存在的风险是应当知晓的,而被告并未在缔约之时以及合同履行过程中向原告履行告知义务,被告的上述行为又是致使涉案房地产工程“烂尾”的结果的间接原因,故被告应当向原告承担部分缔约过失责任。关于责任划分的问题,因光耀公司的违约行为系原告的涉案损失的主要和直接原因,而被告未尽到履行告知义务系原告的涉案损失的间接原因,因此,从公平原则上考虑,被告应当对于涉案商品房具备交付条件之前的相关损失承担部分责任,原告可从起诉之日起至涉案商品房具备交付条件之前有权不履行抵押贷款合同中的偿还本金及利息的义务,且原告无须向被告支付上述期间涉案借款的利息(含复利及罚息),在上述期间原告已经向被告偿还的本金及利息不予退回。

【案例二】在(2019)云2301民初1303号案件中,云南省楚雄市人民法院认为:首先,对于商品房预售款监管问题,因不属于民事诉讼审查的范围,故法院不予评判。根据《最高人民法院关于审理商品房买卖合同纠纷案件适用法律若干问题的解释》第24条的规定,因商品房买卖合同被确认无效或者被撤销、解除,致使商品房担保贷款合同的目的无法实现,当事人请求解除商品房担保贷款合同的,应予支持。故对本案中的金融借款合同,法院一并予以解除。金融借款合同解除后即对双方不再具有约束力,原则上应当恢复原状,即购房人应当返还所贷全部款项,银行应当返还购房人已经偿还的本金及利息。在按揭贷款合同的解除系开发商违约导致房屋买卖合同解除而致时,购房人向银行承担的损失赔偿责任最终亦应由开发商承担。为减少当事人的诉累,在商品房销售合同纠纷和金融借款合同纠纷合并审理时,可由贷款的实际收取方即开发商直接将购房贷款返还银行,并直接向银行承担购房人应当承担的责任。这符合《最高人民法院关于审理商品房买卖合同纠纷案件适用法律若干问题的解释》第25条第2款规定的本意。故被告万湖公司应将已收取的首付款、代收税费及原告方已向银行归还的贷款本息返还原告,并承担原告方名下的剩余贷款本息。

16. 开发商公司已注销，买受人能否以开发商公司股东为被告，要求股东配合过户房产？

裁判规则

开发商公司已注销而涉案房产仍登记在其名下，属于不动产产权登记与真实权利状态不符的情形，故买受人可以开发商公司股东为被告，要求股东配合过户房产。

案号索引

广东省深圳市中级人民法院(2017)粤03民终9916号民事判决书

案情简介

1990年11月30日，金宝公司(买方)与××公司(卖方)签订《购房协议书》，该协议书约定：卖方将坐落于深圳市南山区××中心2栋×××号转让给买方。涉案房产于1994年7月7日核准登记至××公司名下。××公司于1997年1月16日注销，北京输变电公司系××公司的股东，出资比例为100%，北京输变电公司于2012年10月17日被吊销。北京市大兴区人民法院于2011年9月1日作出(2011)大民破字第10531号《民事裁定书》，依法受理了北京输变电公司破产清算。金宝公司遂向法院起诉：(1)确认金宝公司是深圳市南山区××路××中心2栋××××号房产的产权人(房屋现值约为505,000元)；(2)北京输变电公司依法将位于深圳市南山区××路××中心2栋××××号房产过户登记至金宝公司名下。

法院观点

《最高人民法院关于适用〈中华人民共和国物权法〉若干问题的解释(一)》第2条①规定,当事人有证据证明不动产登记簿的记载与真实权利状态不符、其为该不动产物权的真实权利人,请求确认其享有物权的,应予支持。综观本案证据,金宝公司(买受人)已提交其与××公司(出卖人)就涉案房产交易的《购房协议书》、××公司出具的取得购房款的《收款收据》、涉案房产产生的水电费收据及相应的付款凭证,前述证据足以形成完整的证据链条,作为××公司唯一股东的北京输变电公司(出卖人股东)对此均未提出异议,现亦未有证据显示××公司于其破产清算前有就金宝公司使用涉案房产提出异议,结合××公司破产清算时未将涉案房产纳入清算资产,其后经破产清算注销亦未将涉案房产移交其股东北京输变电公司。据此,法院认为,本案现有证据已达到高度盖然性标准,足以认定金宝公司自××公司处购得涉案房产并自此占有使用涉案房产,金宝公司实际行使涉案房产所有权人的权利且××公司对此未持异议,现××公司已注销而涉案房产仍登记在其名下,属于不动产产权登记与真实权利状态不符的情形,故金宝公司请求确认其对涉案房产享有物权、其为涉案房产的所有权人,理据充分,法院予以支持。

相关规定

《最高人民法院关于适用〈中华人民共和国民法典〉物权编的解释(一)》

第二条　当事人有证据证明不动产登记簿的记载与真实权

① 已失效,对应《最高人民法院关于适用〈中华人民共和国民法典〉物权编的解释(一)》第2条。

利状态不符、其为该不动产物权的真实权利人，请求确认其享有物权的，应予支持。

17. 卖方进入破产程序后是否应当继续履行办证过户义务？

裁判规则

卖方破产后，对于买方已经履行完毕付款等义务的，仅是卖方单方未履行完毕的合同，管理人不享有解除权，卖方仍应当继续履行办证过户义务。

案号索引

广东省深圳市中级人民法院(2019)粤03民初2601号民事判决书

案情简介

1999年12月6日，被告南海公司(卖方)向原告中铁公司借款20万元，作为合作办理项目"东滨花园"预售手续之用。同年12月9日，南海公司出具《收款收据》，承认收到原告中铁公司交付的借款20万元。2001年8月22日，南海公司再次出具《收款收据》，承认收到中铁公司交付的东滨华苑×楼××座(以下简称涉案房屋)楼款10万元。2001年11月28日，南海公司又出具《收款收据》，承认收到原告中铁公司交付的涉案房屋楼款17.576万元和办理房地产证契税及费用款5478.53元，合计181,238.53元。自2001年3月24日起，中铁公司员工韩某一直居住在涉案房屋内，并向中铁公司支付租金。2010 年 7 月 16 日，中铁公司向南海公司发函，要求南海公司协助办理涉案房屋的房地产证，但南海公司一直未予配合。2018 年 11 月 15 日，南海公司申请裁定受理公司破产清算。

法院观点

广东省深圳市中级人民法院认为：破产程序中，管理人仅对破产受理前成立的、双方均未履行完毕的合同享有解除权，对于债务人单方未履行完毕的合同，管理人不享有解除权。本案中，中铁公司与南海公司就涉案房屋买卖合同关系，已经由深圳市南山区人民法院审理，原告中铁公司已经完成了付款的义务，并判令南海公司提供办理过户手续必要的文件和资料，故原告中铁公司与南海公司的合同属于债务人单方未履行完毕的合同，管理人不享有对该合同的解除权，双方的房屋买卖合同关系继续有效。根据《中华人民共和国合同法》第 44 条、第 107 条、第 108 条、第 110 条①的规定，依法成立的合同应当自成立时生效，双方应依法履行合同义务。在一方不履行非金钱债务时，对方当事人有权选择要求违约一方当事人以继续履行合同义务的方式承担违约责任。本案中，如前所述，中铁公司与南海公司之间的涉案房屋的买卖合同合法有效并已经生效法律文书予以确认，中铁公司作为守约一方当事人依法有权要求南海公司以继续履行合同义务的方式承担违约责任。故法院对原告中铁公司诉请南海公司配合办理深圳市南山区房屋的产权变更登记手续予以支持。

① 已失效，分别对应《中华人民共和国民法典》第 502 条、第 577 条、第 578 条、第 580 条。

相关规定

《最高人民法院关于审理企业破产案件若干问题的规定》

第七十一条第(五)项　下列财产不属于破产财产:……(五)特定物买卖中,尚未转移占有但相对人已完全支付对价的特定物……

《中华人民共和国企业破产法》

第十八条第一款　人民法院受理破产申请后,管理人对破产申请受理前成立而债务人和对方当事人均未履行完毕的合同有权决定解除或者继续履行,并通知对方当事人……

同类案例

在(2020)粤01民终7697号案件中,广东省广州市中级人民法院认为:廖某(买方)与华嘉公司(卖方)签订的《商品房买卖合同》是双方的真实意思表示,内容没有违反法律法规的强制性规定,合法有效,当事人应当切实履行。关于廖某是否可以在华嘉公司破产清算期间请求对涉案房屋进行转移登记的问题。如上所述,廖某已经付清全部购房款,华嘉公司的破产管理人无解除权,涉案房屋不属于债务人财产。虽然涉案房屋目前登记在华嘉公司名下,但华嘉公司负有向廖某转让所有权的合同义务。第三人确认截至2008年7月6日涉案房屋所担保的授信已结清,涉案房屋现设有抵押登记,第三人应当协助华嘉公司办理涂销抵押登记手续。现廖某亦同意承担过户时产生的税费及向广州市房屋安全管理所缴清专项维修资金,涉案房屋过户不产生障碍,华嘉公司应当协助廖某办理涉案房屋不动产转移登记手续。

18. 业主委员会是否有权就业主与开发商之间的商品房销售合同履行和违约问题提起诉讼?

裁判规则

业主委员会无权就业主与开发商之间的商品房销售合同履行和违约问题提起诉讼,只有业主可以提起诉讼。业主委员会起诉范围只能限于业主大会有权决定的事项范围,包括业主共有和物业共同管理的事项。

案号索引

江西省高级人民法院(2013)赣民一终字第53号民事裁定书

案情简介

赣州某小区是帝景公司开发的商住楼盘,2006年该小区总平面规划方案和施工图纸设计文件经赣州市规划部门批准,规划在小区建设一个会所和幼儿园。2007年6月9日,帝景公司以幼儿园位置设计失误、存在安全隐患为由申请对会所、幼儿园进行设计变更,将原设计的会所变更为幼儿园,将一楼一间100平方米店面变更为会所。同日,赣州市城市规划建设局建设工程规划管理科在该《变更申请报告》中盖章签注"拟同意"。帝景公司没有将会所、幼儿园的设计变更情况告知业主。

2007年,某小区商品房开始预售,帝景公司陆续与各业主签订《商品房买卖合同》,所有合同均在第14条中约定:"出卖人承诺与该商品房正常使用直接关联的下列基础设施、公共配套建筑按以下日期达到使用条件:会所、幼儿园在交房时达到使用条件……如果在规定日期内未达到使用条件，双方同意按以下方式处理：限期60天内达到使用条件，如仍未达到使用条件，按每天10元赔偿。”所有合同补充协议第5条约定：“不计入分摊范围的配套建筑、设施（包括会所、地下车位等）产权属于出卖人所有。”该小区竣工验收后，2008年年底帝景公司陆续向各业主交付了房屋。

帝景公司在小区入住交房后将会所与其他临街店面一起出租给一家餐饮企业，作为该餐饮企业的储藏室。由会所变更的幼儿园是一间150平方米的大房屋，没有与幼儿园功能相配备的其他设施。帝景公司没有将其移交给教育主管部门进行管理，也没有出租给他人开办幼儿园。

2011年4月，某小区召开业主大会，选举成立某业委会并依法进行了备案登记，某业委会成立后，多次与帝景公司交涉，要求帝景公司建设幼儿园达到使用条件，并将会所交付给业主无偿使用。帝景公司认为会所和幼儿园已通过了相关部门的验收，达到了使用条件，帝景公司已履行了合同义务，会所、幼儿园应该有偿使用。

2012年1月6日，某业委会向小区业主发放《关于依法维护业主权益起诉帝景公司征求意见函》和《授权委托书》。《授权委托书》载明了业主授权某业委会委托江西某律师事务所进行诉讼或非诉讼代理，所获赔偿费用扣除相关费用后列入小区公共专项维修基金的内容。2012年2月22日，某业委会对各业主所投票情况进行了统计，小区共有业主421户（含商铺），收到有效《授权委托书》325份，超过小区2/3多数，并形成书面《业主大会决议》，决议载明：“1. 同意由业委会作为诉讼主体依法向人民法院提起诉讼；2. 同意业委会委托某律师事务所指派律师进行诉讼和非诉讼代理；3. 同意诉讼或非诉讼结案后所获得的赔偿费用扣除相关费用后的余额列入小区公共维修基金。”

某业委会取得上述授权后向人民法院起诉，请求判令帝景公司在3个月内按某小区经规划、设计部门批准的规划、设计方案建设幼儿园，并达到使用条件，以及帝景公司将某小区会所全部交付给其管理，由全体业主共同无偿使用并支付相应的违约金。

法院观点

江西省高级人民法院认为:本案的争议焦点包括某业委会的诉讼主体资格和帝景公司是否构成违约。要确定某业委会是否具有本案诉讼主体资格首先要分析某业委会在本案主张的是何种权利和其主张权利的基础,即本案争议的是什么法律关系。某业委会的第一项诉请判令帝景公司在3个月内按照经批准的规划设计方案建设幼儿园,并达到使用条件,其依据是《商品房买卖合同》第14条的约定;第二项诉请判令帝景公司承担未能在约定时间建成幼儿园的违约金5,123,570元,主张的是合同违约责任,其依据也是《商品房买卖合同》第14条的约定;第三项诉请判令帝景公司将小区会所全部交付给其管理,并由全体业主无偿使用,该项诉请并未主张对会所的所有权,不是对小区会所所有权的争议,也不是物业共同管理事项的争议,而是某业委会认为帝景公司承诺建设会所达到使用条件包含了移交业委会并由业主使用的义务,因而其主张该权利的依据也是《商品房买卖合同》第14条的约定。

从上述分析可知某业委会的三项诉讼请求均是以业主与帝景公司签订的《商品房买卖合同》为其主张权利的基础,争议实质是商品房销售合同履行和违约责任的承担。业主委员会是根据《中华人民共和国物权法》(已失效)和《物业管理条例》的规定成立的组织,其诉讼权利能力根据法律、法规的有关规定,只能限于业主大会有权决定的事项范围,包括业主共有和物业共同管理事项。本案纠纷不属于《中华人民共和国物权法》(已失效)和《物业管理条例》规定的业主共有和物业共同管理事项范围,业主大会所作的决议超出了业主大会自身的职责和权限,也同样超出了业主委员会的职责和权限,不会使业主委员会产生诉讼权利能力资格。

合同之债具有相对性,业主是商品房买卖合同的权利义务主体,是与本案有直接利害关系的人，某业委会与《商品房买卖合同》没有直接利害关系，业主的授权不会使某业委会与《商品房买卖合同》发生直接利害关系从而获得独立的主张合同权利的资格。据此，二审法院裁定撤销原判，驳回某业委会的起诉。

相关规定

《中华人民共和国民法典》

第二百七十八条第一款　下列事项由业主共同决定：(一)制定和修改业主大会议事规则；(二)制定和修改管理规约；(三)选举业主委员会或者更换业主委员会成员；(四)选聘和解聘物业服务企业或者其他管理人；(五)使用建筑物及其附属设施的维修资金；(六)筹集建筑物及其附属设施的维修资金；(七)改建、重建建筑物及其附属设施；(八)改变共有部分的用途或者利用共有部分从事经营活动；(九)有关共有和共同管理权利的其他重大事项。

第二百八十六条第二款　业主大会或者业主委员会，对任意弃置垃圾、排放污染物或者噪声、违反规定饲养动物、违章搭建、侵占通道、拒付物业费等损害他人合法权益的行为，有权依照法律、法规以及管理规约，请求行为人停止侵害、排除妨碍、消除危险、恢复原状、赔偿损失。

19. 购房者无法办理按揭，购房者能否解除合同并要求开发商退还购房款？

裁判规则

购房者无法办理按揭，商品房买卖合同不能继续履行是由不可归责于当事人双方的事由导致的，购房者可以要求开发商退还已支付的购房款。

案号索引

广东省深圳市龙华区人民法院（2018）粤0305民初18033号民事判决书

案情简介

2018年5月30日，福某公司（买方，原告）与招某公司（卖方，被告）签订了《深圳市房地产认购书》及《深圳市房地产买卖合同》，该合同约定：买方自愿购买海上世界某栋房产，房款总价为5000万元；买方采取向银行借款方式付款；签订本认购书时，买方应向卖方支付定金500万元。

原告于合同签订前已向被告支付定金500万元。因被告推荐的银行不能按承诺向原告提供按揭贷款，原告于2018年6月11日向被告发出通知，欲解除双方之间的协议并要求被告退还定金500万元，被被告拒绝后，遂向法院起诉主张前述请求。

法院观点

广东省深圳市龙华区人民法院认为:并无证据证明原告在签订《深圳市房地产认购书》之前存在不符合贷款政策的情形,原告提交的《某花园三期客户按揭初审单》显示原告在签订《深圳市房地产认购书》之前拟向第三人贷款并通过了第三人的初步按揭审核,庭审中第三人亦确认2018年6月初,其确已暂停受理公司法人的贷款业务,并表示大部分银行也暂停受理公司法人的贷款业务,故对于原告关于因银行对于公司房屋贷款政策变化致使其无法获得按揭贷款的主张,法院予以采纳;原告与被告签订的《深圳市房地产认购书》约定,原告系通过向银行借款的方式购买涉案房产,原告能否获得银行贷款足以影响到其履约能力,故本案属于因不可归责于当事人双方的事由导致未能签订《深圳市房地产买卖合同》。该合同未能订立并非由于其中一方的原因造成,故按照《最高人民法院关于审理商品房买卖合同纠纷案件适用法律若干问题的解释》第4条的规定,对于原告要求被告将已收取的定金500万元向其返还的诉求,法院予以支持。

【裁判结果】

被告应向原告退还定金500万元。

相关规定

《最高人民法院关于审理商品房买卖合同纠纷案件适用法律若干问题的解释》(2020修正)

第十九条　商品房买卖合同约定,买受人以担保贷款方式付款、因当事人一方原因未能订立商品房担保贷款合同并导致商品房买卖合同不能继续履行的,对方当事人可以请求解除合同和赔偿损失。因不可归责于当事人双方的事由未能订立商品房担保贷款合同并导致商品房买卖合同不能继续履行的，当事人可以请求解除合同，出卖人应当将收受的购房款本金及其利息或者定金返还买受人。

相反案例

【裁判规则】银行贷款未审批通过并不必然导致合同解除，交易最终未能继续履行是因购房者无法支付购房款，购房者应承担违约责任，开发商有权自应退还的购房款中直接予以扣减相应违约金。

在（2022）惠1323民初5232号案件中，广东省惠州市惠东县人民法院认为：被告（惠某公司）主张因原告（陈某）违约而解除，原告认为合同解除的责任在被告。从合同的履行过程来看，根据原告提交被告确认的《按揭受理函》，在签订商品房现售合同后，原告具备按揭条件。原告提交其与被告惠某公司工作人员王某星的微信聊天记录，证明是因被告原因导致按揭未能审批通过，对该聊天记录，被告不予认可，因原告仅提供微信聊天记录截图未提供其他证据予以佐证，未完成举证责任，应承担举证不能的后果，故对原告主张，法院不予采纳。另即使原告主张成立，该次按揭未审批通过并不必然导致合同解除。从合同履行的结果来看，本案交易最终未能继续履行是因原告无法支付购房款，不愿继续履行合同，责任在原告。综合本案合同履行情况、解除责任及现实考量，对被告主张的违约金，为避免当事人诉累在本案中一并予以解决，结合被告出具的催告函，违约金酌定为20,000元，该款在被告向原告应退还的购房款中直接予以扣减。

第二章

二手房买卖裁判规则

20. 签署的空白房屋买卖合同，是否应当履行？

裁判规则

当事人对对方当事人的真实身份情况不知晓，合同价款、权利、义务等主要内容均未经双方协商，合同缺乏意思表示一致的生效要件，签署的空白合同系无效合同，不能履行。

案号索引

广东省深圳市中级人民法院(2021)粤03民终18427号民事判决书

案情简介

裴某提交的《二手房买卖合同》记载：卖方“张某(代唐某)”，买方“裴某”，转让的房屋为位于深圳市坪山区房屋，面积为89.42平方米，转让价款为185万元，买方应当在合同生效2日内支付定金人民币5万元。唐某承认合同上的“唐某”签名，系其本人签名，但称其系在空白纸上签名，未见合同条款。张某称其签名属实，但系在空白合同上签名。裴某当庭陈述该合同空白处的手写字体是愈兴公司业务员张某填写。现裴某要求张某履行《二手房买卖合同》。

法院观点

广东省深圳市中级人民法院认为：本案的主要争议焦点为：张某、唐某所签的《二手房买卖合同》是否系空白合同，是否有效。(1)案涉房屋已于2018年1月为张某、宏泰公司在建行深圳分行的借款设定了抵押，担保的范围包括：最高限额不超过210万元的本金……作为抵押物，案涉房屋于此时的评估价即超过了210万元。到案涉合同载明的签订日期2019年11月20日,案涉房屋的市场价已经远超合同载明的185万元转让价。(2)张某、宏泰公司截至2019年11月5日,尚欠建行深圳分行借款本金210万元。但案涉《二手房买卖合同》约定,卖方应当在收到定金30日内自行完成赎楼。显然,唐某、张某此时花费200余万元赎楼,再以185万元不合理低价向外转让,违背了正常人的理性原则。(3)裴某提交的其与唐某、张某的微信聊天记录显示,唐某、张某自始至终称呼裴某为"王总"……说明,张某此时仍然不知裴某的真实姓名,且此时其与裴某商讨的是还款问题而不是卖房事宜。唐某虽于2019年11月25日出具了收条"今收到裴某交来的五万定金",但通过观察整个收条字体的书写风格,其中的"裴某"二字明显与其他字体不同,而此处的"裴某"二字与案涉《二手房买卖合同》上的"裴某"签名书写风格相似。唐某、张某对上述情况解释为,其自始至终不清楚裴某的名字是"裴某",一直以为裴某叫"王某",因案涉5万元定金实为借款,张某不能按照约定的一个月期限还款,故于2020年1月6日同裴某商量延迟还款事宜。而裴某对上述情况不能作出合理解释。此外,裴某未能提交证据证明,在合同签订后,双方就赎房进度等与房屋交易有关的事项进行过交流。(4)案涉《二手房买卖合同》约定所有税费由唐某、张某承担,中介费用6万元亦由唐某、张某承担,合同未约定买方支付房屋余款的具体时间、未明确资金监管账户等,不符合此时的深圳二手房市场交易惯例或习惯。综上,《二手房买卖合同》缺乏意思表示一致的生效要件,系无效合同,不支持继续履行。

21. 房屋买卖合同约定的“精装修复式房”实为违法加建隔层的违建房，精装修约定是否有效？实际成交价应该如何确定？

裁判规则

房屋买卖合同约定的“精装修复式房”实为违法加建隔层的违建房，精装修约定无效，合同实际以毛坯房交付后，实际成交价应该以毛坯房价格为准。

案号索引

广东省深圳市中级人民法院(2021)粤03民终13392号民事判决书

案情简介

夏某(卖方)与刘某(买方)签订《二手房买卖合同》，约定：卖方自愿将案涉房产转让给买方，买卖双方应在《二手房买卖合同》签署后与卖方指定的装修公司签署正式装修合同，装修标准为精装修复式。《二手房买卖合同》签订后刘某依约付款，夏某在履行合同过程中，委托相关企业对装修施工，但未经许可擅自在房产内加建隔层，被深圳市龙岗区规划土地监察局责令停止。因一直无法交付，买方起诉要求卖方交付房产并赔偿装修差价损失和违约金。

法院观点

广东省深圳市中级人民法院认为：根据一审法院向深圳市龙岗区龙

城街道执法队(规划土地监察队)调查询问的结果,结合涉案房产的成交价、涉案房产在交易日的市场价值评估结果可知,《二手房买卖合同》约定交付的精装修房产实为约定加建隔层以增加房屋使用面积,该约定因违反法律、行政法规的强制性规定而无效。综上,刘某与夏某签订的《二手房买卖合同》是双方的真实意思表示,除了关于交付房产为精装修的约定无效外,其他内容合法有效,双方应遵照履行……合同关于交付房产为精装修的约定无效,夏某事实上已无法将涉案房屋按合同约定的装修标准装修好并交付给刘某使用,刘某支付购房价款时所预期接收的精装修房产价值与按现状接收涉案房产的价值不对等,刘某必然存在损失。若签订合同时夏某明确告知刘某所交付房产为毛坯房,依常理亦可知,刘某支付的购房对价将远低于涉案合同约定的成交价。因此,刘某主张涉案房产的成交价与房产在交易日2017年1月14日(毛坯房状态)的房地产净值之差为刘某的房屋差价损失,合情合理,予以支持。涉案房产于价值时点2017年1月14日的评估单价为15,000元/平方米,市场价值为372,900元,转让成交价为1,250,000元,夏某于本判决生效后10日内向刘某赔偿房屋差价损失877,100元(1,250,000元-372,900元)。

相关规定

《中华人民共和国民法典》

第一百五十六条　民事法律行为部分无效,不影响其他部分效力的,其他部分仍然有效。

第一百五十七条　民事法律行为无效、被撤销或者确定不发生效力后,行为人因该行为取得的财产,应当予以返还;不能返还或者没有必要返还的,应当折价补偿。有过错的一方应当赔偿对方由此所受到的损失;各方都有过错的,应当各自承担相应的责任。法律另有规定的,依照其规定。

22. 庭审时双方出具的二手房买卖合同记载交易金额不一致,如何确定交易金额?

裁判规则

如双方提供的合同等证据记载存在出入,人民法院一般会采纳与实际履行情况中较为接近的一方证据,合同当事人履行过程中的行为可能也会被认为是对合同的认可。

案号索引

广东省深圳市中级人民法院(2020)粤03民终15243号民事判决书

案情简介

付某(卖方)与伍某(买方)约定交易一套房屋。后双方在履行过程中对交易金额产生分歧,遂诉至法院。庭审中双方出具两份不同的合同,伍某提供的《房地产买卖合同》记载交易金额150万元,付某提供的《二手房买卖合同》记载交易金额169万元,同时约定买方实付161万元卖方即配合办理过户。

法院观点

广东省深圳市中级人民法院认为:付某(卖方,主张交易金额169万元)提供的《二手房买卖合同》中第11条载明,“卖方应当于收到全部房款三日内将该房地产交付买方”。现伍某(买方,主张150万元)尚拖欠房款8万元未支付,付某、伍某却办理了房产转移登记及交接手续,不符合常理;付某未举证证明在交易完成后向伍某追要过拖欠房款,亦不符合常理。综上,法院认定实际履行的是《房地产买卖合同》,确认房产真实价格为150万元。

23. 合同对支付房款期限没有约定的,买方应当何时支付购房款?

裁判规则

合同对支付房款期限没有约定的,卖方可以随时要求买方付款,但应当留有适当准备时间,买方经过准备时间后仍未付款的,应当承担逾期付款违约责任。

案号索引

广东省深圳市中级人民法院(2020)粤03民终14893号民事判决书

案情简介

买卖双方签订《深圳市二手房买卖合同》约定交易一套房屋,但对于交易方式与付款方式“自行协议解决”,双方之后未作约定。签订当日双方即办理过户手续,但买方未付款,卖方便向法院起诉。

法院观点

广东省深圳市中级人民法院认为:《中华人民共和国合同法》第62

条第1款第4项[①]规定，履行期限不明确的，债务人可以随时履行，债权人也可以随时要求履行，但应当给对方必要的准备时间。因林某（卖方）和陈某（买方）在合同中对于付款时间并无约定，因此，林某可以随时要求陈某支付但需给予陈某必要的准备时间。林某于2017年4月7日提起本案诉讼，已经以诉讼的形式向陈某主张支付房款，法院酌定10天的准备时间，陈某应当在2017年4月17日支付房款，其逾期支付，应当承担违约责任。双方约定的日4‰的标准未超过法定标准，法院予以支持。一审认定有误，法院予以纠正。

相关规定

《中华人民共和国民法典》

第五百一十条　合同生效后，当事人就质量、价款或者报酬、履行地点等内容没有约定或者约定不明确的，可以协议补充；不能达成补充协议的，按照合同相关条款或者交易习惯确定。

第五百一十一条　当事人就有关合同内容约定不明确，依据前条规定仍不能确定的，适用下列规定：

（一）质量要求不明确的，按照强制性国家标准履行；没有强制性国家标准的，按照推荐性国家标准履行；没有推荐性国家标准的，按照行业标准履行；没有国家标准、行业标准的，按照通常标准或者符合合同目的的特定标准履行。

（二）价款或者报酬不明确的，按照订立合同时履行地的市场价格履行；依法应当执行政府定价或者政府指导价的，依照规定履行。

① 已失效，对应《中华人民共和国民法典》第511条。

（三）履行地点不明确，给付货币的，在接受货币一方所在地履行；交付不动产的，在不动产所在地履行；其他标的，在履行义务一方所在地履行。

（四）履行期限不明确的，债务人可以随时履行，债权人也可以随时请求履行，但是应当给对方必要的准备时间。

（五）履行方式不明确的，按照有利于实现合同目的的方式履行。

（六）履行费用的负担不明确的，由履行义务一方负担；因债权人原因增加的履行费用，由债权人负担。

24. 买卖合同对购房款的支付金额和支付方式的约定有歧义时，合同能否继续履行？

裁判规则

购房款支付条款属于房屋买卖合同的主要条款，双方当事人并未充分说明具备按照合同相关条款或交易习惯确定条款真实含义的条件，或存在双方当事人均认为有利于实现合同目的的履行方式，守约方可以请求解除合同。

案号索引

广东省深圳市宝安区人民法院（2021）粤0306民初21661号民事判决书

案情简介

2021年2月8日,原告雷某(买方)与被告黄某(卖方)签订《二手房买卖合同》。该合同第1条约定卖方将位于深圳市宝安区房产转让给买方。第2条约定转让成交价为不含税费890万元。第3条约定买方在合同生效之日起3日内支付定金30万元。第4条约定付款方式为一次性支付约定楼款,买方须于2021年6月15日前(含当日)将除定金、交楼押金之外的全部楼款360万元支付至监管机构指定账号。当日,雷某已向黄某转账支付了定金30万元。双方后续对具体的监管资金金额产生了争议,雷某遂向法院起诉,请求解除《二手房买卖合同》并要求黄某双倍返还定金。

法院观点

广东省深圳市宝安区人民法院认为:合同第4条约定,雷某应于2021年6月15日前(含当日)将除定金、交楼押金之外的全部楼款360万元支付至监管机构指定账号。按照文义理解,除定金、交楼押金外的全部楼款应为860万元(890万元-定金30万元-交楼押金0元),与上述条款约定的金额360万元不符。因此,合同第4条条款并不周延,含义存在歧义。结合合同第2条、第3条和第14条的约定,购房总价890万元,雷某支付定金30万元、监管首付款500万元后,仍有购房款360万元需支付。但购房款支付条款属于房屋买卖合同的主要条款,双方应作出明确具体的约定。本案中,黄某认为上述约定中应于2021年6月15日支付的360万元应为除定金、首期款、交楼押金之外的全部楼款,雷某明确知晓且无异议,但其作为证据提交的微信聊天记录不足以证明其主张,应承担举证不能的法律后果。本案中,双方当事人未能就约定不明确条款达成补充协议。鉴于本案中,双方当事人并未充分说明具备按照合同相关条款或交易习惯确定条款真实含义的条件,或存在双方当事人均认为有利于实现合同目的的履行方式,因此,黄某要求继续履行的抗辩主张,法院不予支持。

相关规定

《中华人民共和国民法典》

第五百一十条　合同生效后,当事人就质量、价款或者报酬、履行地点等内容没有约定或者约定不明确的,可以协议补充;不能达成补充协议的,按照合同相关条款或者交易习惯确定。

第五百一十一条　当事人就有关合同内容约定不明确,依据前条规定仍不能确定的,适用下列规定:

(一)质量要求不明确的,按照强制性国家标准履行;没有强制性国家标准的,按照推荐性国家标准履行;没有推荐性国家标准的,按照行业标准履行;没有国家标准、行业标准的,按照通常标准或者符合合同目的的特定标准履行。

(二)价款或者报酬不明确的,按照订立合同时履行地的市场价格履行;依法应当执行政府定价或者政府指导价的,依照规定履行。

(三)履行地点不明确,给付货币的,在接受货币一方所在地履行;交付不动产的,在不动产所在地履行;其他标的,在履行义务一方所在地履行。

(四)履行期限不明确的,债务人可以随时履行,债权人也可以随时请求履行,但是应当给对方必要的准备时间。

(五)履行方式不明确的,按照有利于实现合同目的的方式履行。

(六)履行费用的负担不明确的,由履行义务一方负担;因债权人原因增加的履行费用,由债权人负担。

同类案例

在(2021)闽02民终3239号案件中,福建省厦门市中级人民法院认为:诉争合同对于支付房款的约定“潘某于办妥产权权属转移手续当日向车某支付277万元(含定金)”,双方在履行过程中,对于是在递交交易登记手续当天还是产权证办理出来当天支付房款产生争议。合同履行过程中,双方当事人对于合同条款如何履行产生争议应本着按照有利于实现合同目的的方式履行协商解决。从协商过程来看,潘某提出通过垫资走资金监管的程序付款是出于交易安全考虑,并非不利于实现合同目的。诉争合同最终无法继续履行主要在于双方对支付房款的时间争执不下、协商不成而导致。一审法院认定潘某没有继续履行合同的意思表示依据不足。因合同的解除不可归责于一方,双方因合同解除产生的损失应各自承担,潘某、车某各自主张对方承担违约责任及潘某主张车某赔偿中介费均不予支持。一审认定潘某违约并承担违约责任不当,予以纠正。

25. 双方将付款期限约定为“向有关银行办妥抵押贷款手续后的规定期限内”,但买方至今未付款,卖方能否要求买方承担违约金?

裁判规则

办理抵押贷款手续需双方配合,如果双方均未要求对方办理,则双方均有过错,卖方不能要求买方承担违约责任。

案号索引

广东省深圳市罗湖区人民法院(2021)粤0303民初13759号民事判决书

案情简介

2000年5月20日，原告方某（买方）与第三人王某共同作为乙方与被告深港公司（卖方）作为甲方签订了《深圳市房地产买卖合同》，合同附表二约定："自签约日起当日付全部楼价款的30%即贰拾壹万叁仟贰佰柒拾玖元；全部楼价款的70%即肆拾捌万元，或在该日期之前向有关银行办妥抵押贷款手续按规定期限内付款。"被告深港公司确认案涉房屋已实际交付给方某使用，但方某至今未支付剩余楼价款的70%，被告遂反诉原告请求其承担相应的违约责任。

法院观点

广东省深圳市罗湖区人民法院认为：关于深港公司主张的违约金，因案涉合同剩余70%的购房款48万元未约定明确的付款时间，仅约定"向有关银行办妥抵押贷款手续按规定期限内付款"，而至今（2021年11月26日本案判决时）方某及第三人并未就案涉房产办理抵押贷款手续，因案涉房屋办理抵押贷款手续需买卖双方配合，双方当事人亦未能举证证明曾向对方要求办理相关房屋抵押贷款手续，故案涉房屋至今未办理按揭贷款手续双方均存在过错，对深港公司主张的违约金，法院不予支持。

相关规定

《中华人民共和国民法典》

第五百零九条　当事人应当按照约定全面履行自己的义务。当事人应当遵循诚信原则，根据合同的性质、目的和交易习惯履行通知、协助、保密等义务。当事人在履行合同过程中，应当避免浪费资源、污染环境和破坏生态。

26. 因新政导致买方丧失购房资格，买方能否解除合同退回定金？

裁判规则

因新政导致买方丧失购房资格，买方可解除合同退回定金。

案号索引

广东省深圳市中级人民法院（2018）粤03民终26192号民事判决书

案情简介

2016年3月15日，徐某（买方）与林某（卖方）签订《二手房买卖合同》一份，约定林某自愿将其位于深圳市××路××城池××房产转让给徐某。之后，徐某依约向林某支付了定金20万元。徐某称由于2016年3月25日出台了《深圳市人民政府办公厅关于完善住房保障体系促进房地产市场平稳健康发展的意见》，2016年4月9日深圳不动产登记中心发布了《关于非深沪居民购房限购相关事宜的补充通知》，该两个政策明确将购房者在深圳纳税和缴纳社保的时间要求由1年改为3年。而此时，徐某纳税以及缴纳社保的时间才刚满1年。由于新政策的限制，徐某已经不具备深圳市的购房资格，无法继续履行合同。徐某在与林某协商无果的情况下，于2016年4月17日向林某发送了书面的解除合同通知，要求林某返还徐某已经支付的定金。

法院观点

广东省深圳市中级人民法院认为:2016 年 3 月 25 日,深圳市对购房政策作出了调整,将非深户购房资格由在深圳纳税及社保期限满 1 年变更为 3 年。该政策变化导致徐某已不符合相关购房条件。该政策变化是买卖双方不可预计、无法克服的。因房地产调控政策的实施,这不可归责于当事人双方的事由,致使合同不能继续履行。徐某(买方)于 2016 年 4 月 17 日向林某(卖方)发出解除合同通知书请求解除合同并返还定金,不构成违约,买卖双方互不承担违约责任。合同解除后,林某作为卖方应将收取的定金 20 万元返还给徐某。关于利息,涉案合同实际于 2016 年 4 月 17 日非因买卖双方的原因而解除,徐某主张计收利息,无事实依据,法院不予支持。

相关规定

《深圳市中级人民法院关于房屋买卖合同纠纷案件的裁判指引》

第十七条第一款　房屋买卖合同成立后,因房地产调控政策的实施这一不可归责于当事人双方的事由,致使合同不能继续履行,当事人请求解除合同的,人民法院可予支持。

同类案例

在(2017)粤 03 民终 6735 号案件中,广东省深圳市中级人民法院认为:双方于 2016 年 9 月 24 日签订涉案合同后,深圳市政府于 2016 年 10 月 4 日出台了新的房地产调控政策,规定深户单身人士在深圳仅可购买一套房产。该房地产调控政策的出台并非当事人在订立合同时可以预见的风险,导致被上诉人王某如继续履行合同将出售其名下全部房产,违背了其最初换房的真实意思,法院认为本案属于因房地产调控政策的实施,这不可归则于当事人双方的事由,致使合同不能继续履行,故本案的房屋买卖合同应当解除,买卖双方互不承担违约责任,上诉人唐某应将所收取的定金返还于被上诉人王某,认定正确,法院予以维持。至于上诉人唐某主张被上诉人王某购买涉案房屋是否用于投资,该主张无论是否属实并不影响本案涉案合同解除的法律结果,如合同解除造成上诉人唐某损失的,上诉人唐某可另循法律途径解决。

27. 买方在没有购房资格的情况下签署的房屋买卖合同是否有效?

裁判规则

违反各地有关"限购"政策的合同,不属于违反法律、行政法规强制性规定的情形,双方签署的房屋买卖合同有效。

案号索引

广东省深圳市中级人民法院(2020)粤03民终28140号民事判决书

案情简介

2017年,深圳市实施房屋限购政策,其中非深圳市户籍家庭限购一套住房。谭某(买方)及其配偶黄某为非深圳市户籍,且在2016年12月时已在深圳市购买一套住房。2017年9月3日,谭某在知道深圳市上述限购政策的情况下,与王某(卖方)签订了一份《二手房买卖合同》。

法院观点

广东省深圳市中级人民法院认为:谭某、王某对双方之间成立的房屋买卖合同关系并无异议,且有相应的《二手房买卖合同》等证据予以证实,对该部分事实一审法院予以确认。依据深圳市规定的房屋限购政策,谭某在签订合同时虽属于限制购买房屋的对象,但该政策并不属于法律或行政法规,因此谭某、王某所签订的《二手房买卖合同》应为有效,双方均应按合同约定主张权利和履行义务。在合同履行过程中,谭某因自身购房资格的限制,不能继续履行合同义务的,应当向王某承担违约责任。

相关规定

《中华人民共和国民法典》

第一百四十三条　具备下列条件的民事法律行为有效:

(一)行为人具有相应的民事行为能力;

(二)意思表示真实;

(三)不违反法律、行政法规的强制性规定,不违背公序良俗。

第一百五十三条　违反法律、行政法规的强制性规定的民事法律行为无效。但是,该强制性规定不导致该民事法律行为无效的除外。

违背公序良俗的民事法律行为无效。

同类案例

在(2017)沪0113民初16710号案件中,上海市宝山区人民法院认为：陈某（买方）与刘某、李某（卖方）就系争房屋签订的《房地产买卖协议》及《上海市房地产买卖合同》，系双方当事人的真实意思表示，未违反法律、行政法规的强制性规定，当属合法有效，双方均应恪守。但陈某属于限购对象，并无购房资格，房屋买卖合同客观上无法继续履行，现双方均主张要求解除合同，于法不悖，予以支持。合同解除后，因合同取得的财产应各自返还，故陈某要求刘某、李某返还已付购房款的诉请，具有事实和法律依据，亦予以准许。然本案系由于陈某自身限购原因导致合同目的无法实现，违约方系陈某，故其要求刘某、李某支付违约金，于法无据，不予支持。且陈某作为违约方，理应向刘某、李某赔偿其实际损失。现系争房屋价格已下跌，刘某、李某主张房屋差价损失的请求，予以支持。经上海百盛房地产估价有限责任公司评估，确定 2017 年 10 月 20 日系争房屋现状价值为 401 万元，对此法院予以确认。陈某认为该评估结论价值过低的意见，不予采纳。但考虑到双方履行合同的实际情况，并结合兼顾公平、合理的民法基本原则，法院酌情判决陈某赔偿刘某、李某损失 40 万元。

28. 卖方明知买方不具备购房资格仍出售房屋，买方是否承担违约责任？

裁判规则

卖方明知买方不具备购房资格仍然签订合同，属于双方当事人真实意思表示，内容不违反法律、行政法规的强制性规定，合同有效。买方因不具备购房资格导致合同不能继续履行的，应当承担相应的违约责任。

案号索引

广东省深圳市中级人民法院(2020)粤03民终28140号民事判决书

案情简介

谭某(买方)在与王某(卖方)签订房屋买卖合同时,对自己不具备购房资格的事实系明知,其仍决定向王某购买房屋。

法院观点

广东省深圳市龙华区人民法院认为:在双方签订合同时,并不存在王某利用谭某对合同履行有重大影响的事项不知情的情况,因此王某是否知道房屋限购政策,不能作为认定王某存在过错的依据。谭某主张,王某在签订合同时已知道谭某无相应购房资格,存在相应过错的意见,不能成立。另外深圳市的房屋限购政策在谭某、王某签订房屋买卖合同之前已经存在,并非在合同履行过程中公布实施,谭某明知该政策仍决定购买房屋,后又在合同履行过程中,以限购政策为由解除合同,明显违反诚实信用原则。谭某以此主张自己不构成违约的意见,法院不予采纳。

广东省深圳市中级人民法院认为:谭某与王某签订的涉案《二手房买卖合同》系双方真实意思表示,合法有效,双方应全面适当地履行各自的合同义务。谭某作为房屋买卖合同的买方,具备相应的购房资格以便合同能够顺利履行系其当然的法定义务。涉案合同因谭某不具备购房资格而未能履行,谭某构成根本违约,应当承担相应的违约责任。由于涉案合同已明确约定如谭某违约则应赔偿王某200万元作为违约金,故谭某请求王某返还已支付的购房款200万元并支付利息,没有事实及法律依据,法院不予支持。

相关规定

《中华人民共和国民法典》

第七条　民事主体从事民事活动，应当遵循诚信原则，秉持诚实，恪守承诺。

第五百六十六条　合同解除后，尚未履行的，终止履行；已经履行的，根据履行情况和合同性质，当事人可以请求恢复原状或者采取其他补救措施，并有权请求赔偿损失。

合同因违约解除的，解除权人可以请求违约方承担违约责任，但是当事人另有约定的除外。

主合同解除后，担保人对债务人应当承担的民事责任仍应当承担担保责任，但是担保合同另有约定的除外。

同类案例

在(2022)川01民终1617号案件中，四川省成都市中级人民法院认为：房屋买卖合同及补充协议系双方当事人真实意思表示，内容不违反法律、行政法规的强制性规定，应属有效。签订案涉合同时，买方杨某不具有购房资格，双方均是明知的。在此情况下，案涉合同虽然有效，但因成都市房地产调控政策的原因，导致该合同事实上自始不能履行，对此双方均有过错。对双方要求对方支付违约金的诉讼请求，法院均不予支持。

29. 买方签订买卖合同后,在履行付款义务前又购买其他房屋并过户从而丧失购房资格的,是否应当承担违约责任?

裁判规则

买方签订买卖合同后,在履行付款义务前又购买其他房屋并过户从而丧失购房资格的,应当承担违约责任。

案号索引

广东省深圳市龙岗区人民法院(2020)粤0307民初32197号民事判决书

案情简介

贺某(卖方)与王某(买方)签订房屋买卖合同,约定以336万元交易某房屋,“交易定金”10万元,买方需于2020年7月20日前一次性付清房款,买方逾期履行超过15个工作日的,卖方有权解除合同并可没收定金或要求买方支付转让总价款20%的违约金,卖方因维权所支出的律师费、诉讼费等由买方承担。王某于2020年7月下旬另与他人签订合同购得龙岗某某花园10栋203的房屋一套并办理过户,后通知贺某由于购房指标已经消耗不再履行合同,贺某遂诉至法院。

法院观点

广东省深圳市龙岗区人民法院认为:被告不履行与原告签订在先的

合同,而履行其在之后与案外人签订的购房合同(由于案涉合同因被告另购房屋消耗指标而无法继续履行,法院确认案涉合同于 2020 年 8 月已解除),其行为对原告已构成明显违约,应当按照合同约定支付违约金 732,000 元(完全采纳总价款 20% 的合同约定),抵扣已支付的 10 万元,还应支付 632,000 元。

相关规定

《中华人民共和国民法典》

第五百六十三条第一款　有下列情形之一的,当事人可以解除合同:

(一)因不可抗力致使不能实现合同目的;

(二)在履行期限届满前,当事人一方明确表示或者以自己的行为表明不履行主要债务;

(三)当事人一方迟延履行主要债务,经催告后在合理期限内仍未履行;

(四)当事人一方迟延履行债务或者有其他违约行为致使不能实现合同目的;

(五)法律规定的其他情形。

相反案例

【裁判规则】买方根据合同约定通知卖方解除合同后,另行购买房屋导致没有购房资格的,买方不构成违约。

【法院观点】在(2019)粤 0115 民初 1420 号案件中,广东省广州市南沙区人民法院认为:买卖双方先发生履行争议,买方发出了合理有效的解除通知后才另购其他房屋消耗购房资格,买方不构成违约。依据原、被告的陈述和证人证言可知,原、被告在2018年8月面谈时,被告提出解除《房屋买卖合约》,原告表示同意,双方虽然就中介服务费的负担尚有分歧,但不影响双方已经就解除《房屋买卖合约》达成了一致意见。在此之后,双方虽然一直进行磋商,但未协商一致恢复履行合约,故《房屋买卖合约》在原、被告2018年8月面谈时已经解除,原告再诉请解除《房屋买卖合约》已无必要,法院不予支持。原告在《房屋买卖合约》解除后向案外人购买房屋,不构成违约。

30. 合同约定买方将房屋过户至指定第三人名下,但买方无法指定有购房资格的第三人,导致合同无法履行,买方是否应承担违约责任?

裁判规则

买方无法指定有购房资格的第三人,导致合同无法履行的,买方应承担违约责任。

案号索引

广东省深圳市中级人民法院(2021)粤03民终8514号民事判决书

案情简介

2018年10月26日,王某作为买方、××投资公司作为卖方签订《房地产买卖合同》,约定××投资公司将房产转让给王某。买方因系香港特别行政区居民无法正常购买该房产,故承诺签署本合同之日起5个工作日内指定有资格的第三方购买该房产。因受限于购房政策,涉案房产一直未能过户至王某或者王某指定的第三方名下。

法院观点

广东省深圳市中级人民法院认为：王某作为买方，因不具备购房资格导致涉案房产不能完成过户，王某的行为已构成违约。根据《房地产买卖合同》的约定，如买方逾期履行义务超过 5 个工作日，卖方可解除合同并选择要求买方支付转让成交价 20% 的违约金，或没收买方已支付的定金。本案中，定金以及转让成交价 20% 均为 216 万元。鉴于签订合同时，××投资公司系明知王某的香港特别行政区居民身份不符合涉案房产的购买资格，仍与王某签订合同，其对于可能出现的无法过户的风险应当有所预期，××投资公司自身亦存在一定过错。因此，根据公平原则和诚实信用原则，法院酌定违约金为转让成交价的 10%，王某应向××投资公司承担 108 万元的违约金。

相关规定

《中华人民共和国民法典》

第五百九十三条　当事人一方因第三人的原因造成违约的，应当依法向对方承担违约责任。当事人一方和第三人之间的纠纷，依照法律规定或者按照约定处理。

同类案例

在（2021）粤 03 民终 9680 号案件中，广东省深圳市中级人民法院认为：谢某（买方）、袁某（卖方）和某中介公司签订了《房屋买卖合同》，2020 年 7 月 15 日深圳市新出台限购政策，谢某不再具备购房资格。在 2020 年 7 月 15 日早上 9 时 30 分，深圳市已经发布了限购政策，且某中介公司与谢某的聊天记录显示，谢某对该政策完全知情，谢某即使是为邱某购买房产,其目的也是规避限购政策。谢某作为完全民事行为能力人,应当预见该行为极大可能带来相应的风险。因此,签订涉案买卖合同,谢某存在过错,同时,该过错也是导致合同不能继续履行的主要原因。法院认定,卖方有权没收定金。

31. 买方已占有房屋,卖方拖延办理房产证期间买方丧失购房资格的,卖方作为违约方能否解除合同?

裁判规则

买方已占有房屋,卖方拖延办理房产证期间买方丧失购房资格的,卖方不得解除合同。

案号索引

广东省深圳市中级人民法院(2020)粤03民终15480号民事判决书

案情简介

2005年4月30日,杨某(卖方)与××中学(买方)签订《房屋转让协议书》。《房屋转让协议书》签订后,杨某即将涉案房屋及房屋所有权证原件交付××中学,杨某收取××中学支付的购房款105,810元。双方始终未办理过户,直至2018年7月31日,深圳市人民政府办公厅发布的《关于进一步加强房地产调控促进房地产市场平稳健康发展的通知》第1条规定:“暂停企事业单位、社会组织等法人单位在本市购买商品住房。”杨某认为,涉案房屋已无法完成过户,起诉解除《房屋转让协议书》。

法院观点

广东省深圳市中级人民法院认为：根据不动产权登记相关主管部门的复函，涉案房屋办理权属转移登记，尚需由住房主管部门申请办理房屋初始登记，再由杨某办理其个人名下涉案房屋的非市场商品房不动产证、办理取得涉案住房全部产权的手续，之后方可进行转移登记。由此可见，涉案房屋的权属转移登记，并非××中学一方申请或本案双方配合办理就可完成的事项，涉案房屋至今未过户至××中学名下，系因房屋本身手续不完备所致，不可归责于××中学怠于办理或怠于通知杨某办理。涉案房屋目前虽不具备直接过户的条件，但存在完善手续后上市流通的可能性，法律法规对此并未予以禁止。至于××中学是否具备购房资格的问题，深圳市不动产登记中心的复函表明，企事业单位、社会组织等非自然人购买住房发生在2018年7月31日（含7月31日）之前的，可继续完成交易。本案发生于2005年的购房行为，据此可以继续完成交易，故涉案合同的履行不受该限购政策的影响。杨某作为房屋买卖合同的卖方，移转房屋所有权是其合同义务，涉案房屋非因××中学原因而未能转移登记至××中学名下，客观上属于杨某的违约情形。涉案房屋虽不具备直接过户的条件，但仍具有转移登记的可能性，可以继续履行。

相关规定

《中华人民共和国民法典》

第五百七十七条　当事人一方不履行合同义务或者履行合同义务不符合约定的，应当承担继续履行、采取补救措施或者赔偿损失等违约责任。

《全国法院民商事审判工作会议纪要》

48.【违约方起诉解除】违约方不享有单方解除合同的权利。但是,在一些长期性合同如房屋租赁合同履行过程中,双方形成合同僵局,一概不允许违约方通过起诉的方式解除合同,有时对双方都不利。在此前提下,符合下列条件,违约方起诉请求解除合同的,人民法院依法予以支持:

(1)违约方不存在恶意违约的情形;

(2)违约方继续履行合同,对其显失公平;

(3)守约方拒绝解除合同,违反诚实信用原则。

人民法院判决解除合同的,违约方本应当承担的违约责任不能因解除合同而减少或者免除。

32. 买方因新冠疫情影响未能及时售出已有房产进而未取得购房资格,能否以新冠疫情为由免责?

裁判规则

买方因新冠疫情影响未能及时售出已有房产进而未取得购房资格导致违约,不能以新冠疫情为由免责。

案号索引

广东省深圳市中级人民法院(2021)粤03民终26355号民事判决书

案情简介

2020 年 1 月 9 日，秦某（买方）与何某（卖方）签订《深圳市二手房预约买卖及居间服务合同》，约定何某将涉案房产作价 528 万元出售给秦某，并且秦某应于 2022 年 2 月 22 日前办理完毕抵押贷款手续。秦某因原有房产受新冠疫情影响未能及时出售，未能如期于 2020 年 2 月 22 日完备申请抵押贷款的资料。2020 年 3 月 26 日，秦某将其原持有房产转移登记至他人名下后，又于 2020 年 3 月 30 日催告何某配合办理赎楼手续，何某予以拒绝。后秦某向法院起诉请求何某继续履行《深圳市二手房预约买卖及居间服务合同》，办理赎楼及相关手续，并将涉案房产的产权变更登记至秦某名下。

法院观点

广东省深圳市中级人民法院认为：首先，秦某因受新冠疫情影响，其与案外人的房屋买卖合同出现迟延履行情况，其自己房屋未能及时出售，无法及时取得无房证明、获得银行贷款，导致其迟延履行与何某的房屋买卖合同。合同具有相对性，秦某与案外人的合同、与何某的合同系相互独立的法律关系，秦某不能以其与案外人的合同履行具有不可抗力因素，来抗辩其与何某的合同履行。其次，秦某与何某的微信聊天记录显示，其明确陈述“我还差一个无房证明。我离婚未满 2 年，到 3 月 5 日就满 2 年了”。可见，即便没有新冠疫情影响秦某出售自己的房屋，其也无法按照合同约定于 2020 年 2 月 22 日前完备申请抵押贷款的资料。最后，何某考虑秦某的实际情况，主动提出延长合同履行期限到 2020 年 3 月 5 日，后又主动延长到 2020 年 3 月 12 日，但秦某仍未按期履行。综上，应当认定秦某的迟延履行行为构成违约。

相关规定

《中华人民共和国民法典》

第一百八十条　因不可抗力不能履行民事义务的,不承担民事责任。法律另有规定的,依照其规定。

不可抗力是不能预见、不能避免且不能克服的客观情况。

第五百九十条　当事人一方因不可抗力不能履行合同的,根据不可抗力的影响,部分或者全部免除责任,但是法律另有规定的除外。因不可抗力不能履行合同的,应当及时通知对方,以减轻可能给对方造成的损失,并应当在合理期限内提供证明。

当事人迟延履行后发生不可抗力的,不免除其违约责任。

相反案例

【裁判规则】因新冠疫情的影响,买方未能及时出售原有房屋以申请购房贷款,卖方提出解除房屋买卖合同,买方未提出异议,应当认为双方协商一致解除合同,双方都不构成违约。

【法院观点】在(2020)粤0306民初13259号案件中,广东省深圳市宝安区人民法院认为:据查明事实,秦某已积极履行买方的义务,但受2020年年初新冠疫情影响,秦某原所合理预见的出售原房产、完备申请贷款资料的时间延后,客观上出现逾期情形。考虑到新冠疫情对全国经济活动的影响,秦某亦及时将未能完备贷款申请材料的情况告知何某,一审法院认为原合同履行期限适当延长是符合公平原则的。鉴于双方于2020年3月15日无法估量新冠疫情对合同继续履行的影响,何某选择解除合同,秦某未提出异议且与何某协商解约责任问题,应当视为双方协商一致解除合同,此时解约亦符合双方的利弊权衡。因此,根据公平原则,本案解约情形不符合买方承担根本违约责任的条件,卖方应当将定金返还买方。

33. 代理卖方签订房屋买卖合同在先，卖方后续公证授权委托未办妥，代理关系是否有效？

裁判规则

代理卖方签订房屋买卖合同在先，卖方后续公证授权委托未办妥，法院可根据履行中卖方亲身参与情况确认代理关系有效，合同效力及于卖方。

案号索引

广东省深圳市中级人民法院（2020）粤03民终697号民事判决书

案情简介

张某代理卖方万某，与买方李某签订《商品房买卖合同》《交易节点确认书》等文件，但实际上此时张某并未取得授权文件，而是书面承诺7日内提供授权委托书。李某交付定金后催促卖方及张某履行义务，买卖双方、张某、中介在公证处办理手续时发生矛盾未办妥。李某遂主张解除合同并要求万某承担违约责任，万某抗辩张某并未取得其授权，合同对其无拘束力。

法院观点

广东省深圳市中级人民法院认为：涉案合同签订时，张某作为卖方代理人确未提供卖方万某出具的授权委托书。但本案中，从涉案合同签订的过程、履行的情况看，首先，张某与万某（卖方）系亲戚关系，且涉案合同签订过程中，张某向李某出具涉案房产的产权证书并出具书面承诺书，承诺其已取得万某的合法授权代理出售涉案房产并签署相关合同；其次，2019 年 3 月 20 日，万某、张某均与涉案合同居间方乐某公司的中介人员至前海公证处办理涉案交易的相关手续，该行为足见万某知悉涉案合同事宜且已前往公证处办理手续，本案中未有证据表明万某于当日曾向居间方乐某公司表示其未授权张某签订涉案合同；最后，2019 年 3 月 21 日，即涉案合同约定的办理首期款资金监管期限的届至日期，万某于当日办理公证委托手续，委托张某作为其代理人全权办理转让涉案房产的有关手续、全权办理涉案房产的资金监管手续；张某亦于当日与李某、乐某公司中介人员均至监管银行办理手续。故此，法院认为，依前述涉案合同签订、履行情形，李某主张张某已取得万某的授权签订涉案合同，具高度可能性，予以采纳。据此，张某签订合同的行为后果依法归于万某。涉案合同对万某具法律约束力，其应依约履行合同。万某上诉主张涉案合同无效，于法无据，不予采纳。

相关规定

《最高人民法院关于适用〈中华人民共和国民事诉讼法〉的解释》(2022 修正)

第一百零八条　对负有举证证明责任的当事人提供的证据，人民法院经审查并结合相关事实，确信待证事实的存在具有高度可能性的，应当认定该事实存在。

对一方当事人为反驳负有举证证明责任的当事人所主张事实而提供的证据，人民法院经审查并结合相关事实，认为待证事实真伪不明的，应当认定该事实不存在。

法律对于待证事实所应达到的证明标准另有规定的，从其规定。

《最高人民法院关于民事诉讼证据的若干规定》(2019 修正)

第八十六条　当事人对于欺诈、胁迫、恶意串通事实的证明，以及对于口头遗嘱或赠与事实的证明，人民法院确信该待证事实存在的可能性能够排除合理怀疑的，应当认定该事实存在。

与诉讼保全、回避等程序事项有关的事实，人民法院结合当事人的说明及相关证据，认为有关事实存在的可能性较大的，可以认定该事实存在。

同类案例

在(2022)粤 01 民终 6896 号案件中，广东省广州市中级人民法院亦根据买方与卖方公司、卖方公司法定代表人之间的互动，在没有授权委托书的情况下认定与卖方公司法定代表人签订《房屋买卖合同》产生的法律效力归于买方与卖方公司。具体为：据本案查明事实，郑某作为认购方与卖方易×公司签订的《六合公馆认购书》载明出售方为谢某、江某，委托代理人为邱某、郭某，代理方为易×公司；郑某作为受让方与易×公司签订的《房地产买卖合同》载明转让方为谢某、江某，委托代理人为邱某、刘某；郑某作为受让方与易×公司签订的《装修配套合同》载明受委托方为邱某。根据本案一审查明事实可知，刘某、邱某、沈某等系谢某、江某的合法受托人，代为办理房屋的出售等手续，而郭某为易×公司的法定代表人，刘某代谢某、江某与郭某签订《房屋买卖合同》又出具《授权书》给郭某代理销售包括涉案房屋在内的多套房屋，且后续沈某介入涉案房屋买卖合同事宜与郑某沟通。因此，易×公司与郑某签订涉案《房地产买卖合同》及《装修配套合同》应认定为代理谢某、江某的行为，对谢某、江某具有法律约束力。谢某主张本案纠纷与其无关无理由，法院不予采信。

34. 共有关系中部分共有权人出卖房屋构成无权处分，买卖合同是否有效?

裁判规则

共有关系中部分共有权人未经全体同意出卖房屋,构成无权处分,买卖合同有效,但卖方需要为合同不能履行承担违约责任。

案号索引

广东省深圳市中级人民法院(2019)粤03民终23506号民事判决书

案情简介

谭某、叶某和陈某为房屋所有权人,分别持有房产50%、49%、1%的所有权份额。2017年9月,张某作为买方,谭某、陈某作为卖方在第三人举荐下签署二手房买卖合同约定以150万元购买案涉房屋。买方支付定金后,由于卖方谭某、陈某无法获得叶某的授权委托书,无法办理资金监管手续。

法院观点

广东省深圳市中级人民法院认为:本案买卖合同卖方签字主体为谭某和陈某,无证据显示叶某曾授权谭某签署该买卖合同,故该买卖合同对叶某不发生效力,张某无权主张叶某承担买卖合同项下的任何责任。买卖合同为谭某和陈某与张某签署,虽然谭某和陈某就案涉房产并无完全的处分权,但买卖合同仅是合同无法履行而已,并不因此而无效,陈某答辩主张买卖合同无效,没有法律依据。谭某和陈某作为卖方,应承受买卖合同项下的一切权利义务。

相关规定

《中华人民共和国民法典》

第三百零一条 处分共有的不动产或者动产以及对共有的不动产或者动产作重大修缮、变更性质或者用途的，应当经占份额三分之二以上的按份共有人或者全体共同共有人同意，但是共有人之间另有约定的除外。

同类案例

【案例一】在(2021)粤03民终7201号案件中，房屋成交价为7,280,000元，原告要求被告支付成交价20%的违约金，法院判决被告支付成交价5%的违约金364,000元(7,280,000元×5%)。

广东省深圳市中级人民法院认为：房屋买卖合同约定所有共有人卖方与买方签字合同才生效，由于最终仅有一位共有人签字，法院认定合同未成立，但是签字共有人刘某作为涉案房屋的共有权人，在未取得其他共有权人同意的情况下，以三共有人名义与买方协商并签订涉案《二手房买卖合同》，有违诚实信用原则，并给对方造成损失，应当承担损害赔偿责任，其性质应属缔约过失责任。法院为减少当事人诉累一次性解决纠纷，综合考虑合同的磋商情况和双方当事人的过错程度，酌定签字卖方赔偿买方损失5万元。

【案例二】在(2019)粤03民终2543号案件中，广东省深圳市中级人民法院认为：涉案房屋登记在谢某与杨某名下，谢某以卖方身份与贺某、户某签订《二手房买卖及居间服务合同》，现无证据证明谢某在签订合同时取得杨某的事前同意，事后亦未得到杨某的追认，故谢某的行为构成对杨某名下涉案房屋50%产权的无权处分，涉诉《二手房买卖及居间服务合同》对杨某不发生法律效力，合同的相应民事责任应由谢某承担。涉诉合同现因共有权人杨某不同意出售涉案房屋而无法继续履行，贺某、户某的合同目的因此无法实现，贺某、户某有权解除合同，贺某、户某向谢某发出的解约通知函于2018年6月29日被签收，《二手房买卖及居间服务合同》已于该日解除。谢某虽未直接收取定金25万元，但《二手房买卖及居间服务合同》明确约定，"买方将定金支付给居间方托管或打入卖方已经签署的托管协议或类似文件上指定的托管账户后，即视为卖方本人已收讫，卖方应向买方开具定金收据，卖方拒绝向买方出具定金收据的，不影响定金生效"，故贺某、户某诉请谢某向其返还定金符合双方合同约定，定金25万元现托管在乐有家公司处，故该款项由乐有家公司直接向贺某、户某支付。贺某、户某请求谢某承担违约责任，于法有据，予以支持。贺某、户某在杨某未到场的情况下与谢某签订涉诉合同，未尽审慎义务，根据合同的签订履行情况、双方的过错程度，酌情判令谢某向贺某、户某支付违约金40万元。因涉诉合同对杨某不发生效力，谢某提交户口簿证明双方之间并非夫妻关系，贺某、户某对此亦未提交反证，贺某、户某请求杨某承担连带责任，不予支持。原审法院已判决谢某承担违约金，该款项已足以弥补贺某、户某的损失，故对于贺某、户某要求谢某向其支付律师费4.6万元、佣金损失55,560元、预购家私定金损失1200元的诉讼请求，均不予支持。

相关规定

《中华人民共和国民法典》

第五百九十七条　因出卖人未取得处分权致使标的物所有权不能转移的，买受人可以解除合同并请求出卖人承担违约责任。法律、行政法规禁止或者限制转让的标的物，依照其规定。

35. 夫妻一方出售共有房产，另一方能否要求确认合同无效并要求返还房屋？

裁判规则

夫妻一方对共有房产享有平等的处分权，善意买方有理由相信卖房行为系其夫妻双方真实意思表示，则双方签署的合同有效。

案号索引

辽宁省高级人民法院（2015）辽审一民抗字157号民事判决书

案情简介

姜某与朱某系夫妻关系，朱某（卖方）将其与姜某（卖方妻子）共有的房屋出售给张某（买方），并向张某交付该房屋的房产证及共有权证、电费、煤气卡及钥匙，张某支付了房屋价款，并居住该房屋至今但未办理过户手续。姜某以朱某擅自处分共有房产为由，请求确认房屋买卖合同无效，判令张某返还房屋。

法院观点

辽宁省高级人民法院认为：根据《中华人民共和国婚姻法》第17条[①]第2款的规定："夫妻对共同所有的财产，有平等的处理权。"《最高人民法院关于适用〈中华人民共和国婚姻法〉若干问题的解释（一）》第17条规定："婚姻法第十七条关于'夫或妻对夫妻共同所有的财产，有平

① 已失效，对应《中华人民共和国民法典》第1062条。

等的处理权'的规定,应当理解为:(一)夫或妻在处理夫妻共同财产上的权利是平等的。因日常生活需要而处理夫妻共同财产的,任何一方均有权决定。(二)夫或妻非因日常生活需要对夫妻共同财产做重要处理决定,夫妻双方应当平等协商,取得一致意见。他人有理由相信其为夫妻双方共同意思表示的,另一方不得以不同意或不知道为由对抗善意第三人"……关于检察机关及姜某提出"张某在明知案涉房屋存在共有人姜某,且姜某未在房屋买卖合同上签字同意的情况下,与朱某达成房屋买卖协议,没有尽到合理的注意义务,且在购房后,张某亦未办理房屋过户手续,未实际取得案涉房屋的所有权,其不构成《中华人民共和国物权法》第106条①规定的善意取得,朱某擅自处分共有财产属于无权处分,应当认定该房屋买卖行为无效"一节,根据《中华人民共和国合同法》第51条②所规定的无权处分是指无处分权人处分他人财产,而本案中,案涉房屋系朱某自己的财产,虽为其与姜某夫妻共有,但朱某享有平等的处分权,且根据《最高人民法院关于审理买卖合同纠纷案件适用法律问题的解释》第3条第1款③规定,当事人一方以出卖人在缔约时对标的物没有所有权或者处分权为由主张合同无效的,法院不予支持。因此,朱某与张某之间签订的房屋买卖协议是双方当事人真实意思表示,且不违反法律、行政法规的相关规定,应当认定有效。检察机关的抗诉意见及姜某的申诉理由因没有事实根据和法律依据,法院不予支持。

---

① 已失效,对应《中华人民共和国民法典》第311条。

② 已失效,《中华人民共和国民法典》无相对应规定,可参考第597条。

③ 《最高人民法院关于审理买卖合同纠纷案件适用法律问题的解释》(2020修正)中已删除该条。

相关规定

《中华人民共和国民法典》

第三百一十一条　无处分权人将不动产或者动产转让给受让人的,所有权人有权追回;除法律另有规定外,符合下列情形的,受让人取得该不动产或者动产的所有权:

(一)受让人受让该不动产或者动产时是善意;

(二)以合理的价格转让;

(三)转让的不动产或者动产依照法律规定应当登记的已经登记,不需要登记的已经交付给受让人。

受让人依据前款规定取得不动产或者动产的所有权的,原所有权人有权向无处分权人请求损害赔偿。

当事人善意取得其他物权的,参照适用前两款规定。

第五百九十七条　因出卖人未取得处分权致使标的物所有权不能转移的,买受人可以解除合同并请求出卖人承担违约责任。

法律、行政法规禁止或者限制转让的标的物,依照其规定。

第一千零六十二条　夫妻在婚姻关系存续期间所得的下列财产,为夫妻的共同财产,归夫妻共同所有:

(一)工资、奖金、劳务报酬;

(二)生产、经营、投资的收益;

(三)知识产权的收益;

(四)继承或者受赠的财产,但是本法第一千零六十三条第三项规定的除外;

(五)其他应当归共同所有的财产。

夫妻对共同财产,有平等的处理权。

《广东省高级人民法院印发〈关于审理房屋买卖合同纠纷案件的指引〉的通知》

十五、夫妻一方擅自出卖共有房屋,买受人要求继续履行合同办理不动产转移登记的,人民法院应当依据《最高人民法院关于适用〈中华人民共和国民事诉讼法〉的解释》第七十三条的规定通知夫妻另一方作为共同被告参加诉讼。当事人也可以申请追加夫妻另一方作为共同被告参加诉讼。买卖合同因出卖人没有处分权不能履行的,人民法院应当依据《最高人民法院关于民事诉讼证据的若干规定》第五十三条的规定处理。买受人根据案件审理情况变更诉讼请求为解除合同、赔偿损失的,应予准许。但有下列情形之一的,可以判决合同继续履行:

(一)夫妻另一方追认买卖合同的;

(二)买受人举证证明夫妻另一方知道而未表示反对的;

(三)买受人已经按照合同约定支付价款,并占有使用房屋,夫妻另一方未在合理期间内提出异议的;

(四)存在其他情形,可以认定买受人有理由相信出卖房屋是夫妻双方共同意思表示的。

夫妻一方擅自出卖登记在自己一方名下的共有房屋,已经办理不动产转移登记,另一方请求返还房屋的,依据善意取得的规定审查。

相反案例

【裁判规则】夫妻一方擅自出卖共同所有的房屋,房屋未变更登记至买受人名下,另一方不同意继续履行的,买受人不能善意取得房屋。

【法院观点】在(2019)浙民再220号案件中,浙江省高级人民法院认为:虽然案涉房屋所有权登记在董某名下,但案涉房屋系在董某、林某夫妻关系存续期间所购置,现没有证据证明董某、林某约定婚姻关系存续期间所得的财产归各自所有,故应当认定案涉房屋属于董某、林某的夫妻共同财产。林某知道董某与邵某签订案涉房屋买卖合同后不同意出卖案涉房屋,董某一人与邵某签订房屋买卖合同,董某构成无权处分。一方面,在本案二审判决生效前案涉房屋尚未变更登记到邵某名下,不符合法律规定不动产善意取得必须具备已经办理产权登记手续的条件,因此邵某不能取得案涉房屋的所有权。另一方面,董某未经共同共有人林某同意与邵某签订房屋买卖合同,共同共有人林某作为有独立请求权的第三人参与本案诉讼要求确认房屋买卖合同无效,实质是不同意继续履行合同,要求追回案涉房屋。因此,邵某对案涉房屋不构成善意取得,林某有权追回案涉房屋。

36. 买方将定金交付给中介公司是否视为买方向卖方履行定金交付义务?

裁判规则

合同约定买方将定金交付给中介公司视为买方向卖方履行定金交付义务的,买方将定金交付给中介公司,可视为买方已将定金交付给卖方。

案号索引

广东省深圳市中级人民法院(2020)粤03民终22263号民事判决书

案情简介

2018年4月1日，曾某作为卖方，与作为代理方的家之梦公司签署《二手房出售委托代理合同》，约定曾某委托家之梦公司代理出售涉案房产，委托方式为独家代理。2018年5月15日，王某作为曾某（卖方）的代理人，与作为买方的张某签订《二手房买卖合同》（编号:1300741），合同约定买卖双方交易的房地产位于深圳市宝安区，买方同意在本合同生效之日起当日向卖方支付定金3万元，第二部分楼款为241万元。合同签订后，张某向家之梦公司支付了定金3万元，曾某的代理人出具了相应的收款收据。但后续，张某与曾某发生纠纷，张某向法院起诉要求解除与曾某的《二手房买卖合同》并要求后者返还定金，曾某以未收到定金为由拒绝。

法院观点

广东省深圳市中级人民法院认为：卖方与中介公司签署的《二手房出售委托代理合同》和《委托书》中约定，买方将定金交给中介公司，再由中介公司转交给卖方，上述约定未违反法律规定，买方提供了其向中介公司的员工支付3万元定金的收据，可以证明其已经向中介公司支付3万元定金。因此中介公司是否已经转交3万元定金，卖方是否实际收到3万元定金，并不影响认定买方已经实际履行了支付定金的合同义务。

相关规定

《中华人民共和国民法典》

第五百零九条　当事人应当按照约定全面履行自己的义务。

当事人应当遵循诚信原则，根据合同的性质、目的和交易习惯履行通知、协助、保密等义务。

当事人在履行合同过程中，应当避免浪费资源、污染环境和破坏生态。

第五百二十二条　当事人约定由债务人向第三人履行债务，债务人未向第三人履行债务或者履行债务不符合约定的，应当向债权人承担违约责任。

法律规定或者当事人约定第三人可以直接请求债务人向其履行债务，第三人未在合理期限内明确拒绝，债务人未向第三人履行债务或者履行债务不符合约定的，第三人可以请求债务人承担违约责任；债务人对债权人的抗辩，可以向第三人主张。

同类案例

【案例一】在(2010)深宝法民三初字第875号案件中，广东省深圳市宝安区人民法院认为：根据合同约定，定金应交由双方约定的第三方监管，但由于原、被告双方未在合同中或在合同签订后对监管定金的第三方进行约定，在此情况下周某将28,000元的定金支付给促成双方交易的居间方的行为符合二手房买卖的一般交易习惯，亦不会影响合同的正常履行，因此周某将28,000元定金支付给居间方的行为应视为周某已经履行了支付28,000元定金的义务，因此周某不存在违约行为。

【案例二】在(2020)粤0703民初341号案件中，广东省江门市蓬江区人民法院认为：首先，黄某提交的转账记录足以证实其向覃某支付60,000元，而覃某作为涉案房屋买卖交易的中介方经办人员，其代收取买家支付的定金后再转交卖家，是符合交易惯例的。兆天公司亦确认黄某已足额支付定金60,000元。其次，若黄某未足额支付定金，谢某理应进行追讨，但谢某未举证证明其曾主张过相关权利，明显有违常理，且兆天公司亦否认谢某曾通过其向黄某追讨定金。最后，覃某收取60,000元后是否全额支付给谢某，不影响黄某已履行其合同约定支付定金义务的事实认定。如谢某认为兆天公司无合法依据扣除10,000元，属兆天公司与谢某之间的纠纷，可另循法律途径解决。

37. 买方逾期一天支付定金，卖方可否请求解除合同，追究违约责任？

裁判规则

买方逾期一天支付定金，卖方不可据此享有单方解除合同的权利，卖方如无正当理由单方要求终止合同履行，则构成根本违约，应承担违约责任。

案号索引

广东省深圳市中级人民法院（2021）粤03民终18172号民事判决书

案情简介

田某和杨某作为买方，高某作为卖方签订《二手房买卖及居间服务合同》，约定交易某房屋。在合同履行过程中，田某支付8万元定金的时间比合同约定时限晚1日，高某以此为由要求解除合同。田某、杨某沟通无果后诉至法院，要求解除合同并返还定金、支付违约金。

法院观点

广东省深圳市中级人民法院认为：关于涉案合同履行过程中的违约责任认定问题。涉案合同约定合同生效后3日内田某支付剩余定金8万元，即使认定田某于2020年9月10日在中原地产处刷卡8万元的支付行为已晚于合同约定时限1日,该行为亦未影响双方合同履行,按照合同约定及法律规定,高某均不享有单方解除合同的权利。高某无正当理由单方面要求终止履行合同的行为已构成根本违约,应承担相应的违约责任。

相关规定

《中华人民共和国民法典》

第五百六十三条　有下列情形之一的,当事人可以解除合同:

(一)因不可抗力致使不能实现合同目的;

(二)在履行期限届满前,当事人一方明确表示或者以自己的行为表明不履行主要债务;

(三)当事人一方迟延履行主要债务,经催告后在合理期限内仍未履行;

(四)当事人一方迟延履行债务或者有其他违约行为致使不能实现合同目的;

(五)法律规定的其他情形。

以持续履行的债务为内容的不定期合同,当事人可以随时解除合同,但是应当在合理期限之前通知对方。

《全国法院民商事审判工作会议纪要》

47.【约定解除条件】合同约定的解除条件成就时,守约方以此为由请求解除合同的,人民法院应当审查违约方的违约程度是否显著轻微,是否影响守约方合同目的的实现,根据诚实信用原则,确定合同应否解除。违约方的违约程度显著轻微,不影响守约方合同目的的实现,守约方请求解除合同的,人民法院不予支持;反之,则依法予以支持。

38. 第三人代买方支付了定金，是否需要与买方一同承担违约责任？

裁判规则

第三方仅代为支付定金，不是合同当事人，不需要与买方一起承担连带违约责任。

案号索引

广东省深圳市罗湖区人民法院(2020)粤0303民初41757号民事判决书

案情简介

2019年12月26日，周某（卖方）和相某（买方）签订了一份《二手房买卖合同》，约定买卖位于广东省深圳市罗湖区的某一物业，被告吴某在签订买卖合同的当日，代相某向周某支付了定金人民币10,000元。后相某并未按照合同约定履行相应的义务，周某遂向法院请求相某与吴某共同承担违约责任。

法院观点

广东省深圳市罗湖区人民法院认为：被告吴某虽然向周某支付了定金人民币10,000元，其主张系代被告相某支付，且被告吴某并非《二手房买卖合同》的签约当事人，故周某要求被告吴某承担责任，无事实依据，法院不予支持。

相关规定

《中华人民共和国民法典》

第四百六十五条　依法成立的合同，受法律保护。

依法成立的合同，仅对当事人具有法律约束力，但是法律另有规定的除外。

39. 买方因无法申请信用贷款按时支付首付款的，是否应当承担违约责任？

裁判规则

买方因无法申请信用贷款按时支付首付款的，应当承担违约责任，卖方可没收定金。

案号索引

广东省深圳市宝安区人民法院（2020）粤 0306 民初 30054 号民事判决书

案情简介

洪某（买方）与矫某（卖方）在中介公司居间介绍下于 2020 年 4 月 16 日签订《深圳市二手房预约买卖及居间服务合同》。合同签订后，洪某向中介交付了 30 万元托管定金。洪某主张中介明知其无法支付首付款并诱骗其可以申请信用贷款付首付，后查证不可行，遂解除合同并诉至法院请求退还定金。

法院观点

广东省深圳市宝安区人民法院认为:《深圳市二手房预约买卖及居间服务合同》及其附件是当事人的真实意思表示,合法有效,应遵循履行。买卖双方约定并履行的定金未超合同总价款20%,依法有效。原告交付定金后未履行约定义务,被告据定金罚则没收定金于法有据,应予采纳。原告主张涉案交易行为存在诱导、误解,证据不足,法院不予采纳。另外,原告主张应根据卖方经济损失情况适当调低定金金额,于法无据,法院不予采纳。

相关规定

《中华人民共和国民法典》

第五百八十六条　当事人可以约定一方向对方给付定金作为债权的担保。定金合同自实际交付定金时成立。

定金的数额由当事人约定;但是,不得超过主合同标的额的百分之二十,超过部分不产生定金的效力。实际交付的定金数额多于或者少于约定数额的,视为变更约定的定金数额。

第五百八十七条　债务人履行债务的,定金应当抵作价款或者收回。给付定金的一方不履行债务或者履行债务不符合约定,致使不能实现合同目的的,无权请求返还定金;收受定金的一方不履行债务或者履行债务不符合约定,致使不能实现合同目的的,应当双倍返还定金。

同类案例

在(2017)粤0306民初8333号案件中,广东省深圳市宝安区人民法院认为：买卖双方先后签订了两份《二手房买卖合同》，对首期款等约定不明。原、被告并未约定具体的首期款数额，在原告未提交充分有效证据证明双方明确约定贷款比例为七成的情况下，法院认为买方负有按合同约定支付首期款的义务。即使因政策变化提高了首付款比例，但原告作为有完全民事行为能力的买方主体，在签订合同时应当负有审慎的注意义务，即原告应当知悉其自身履约能力以及合同约定的首期款的支付方式，对其履约过程中的首期款比例出现的调整应当具有一定的预见性，并进行必要的经济准备，在买卖双方对首期款的支付比例仅约定为"首期款=转让成交价-定金-银行承诺贷款金额"的情况下，法院认为应当视为买方承诺按贷款政策的需要履行支付首期款的义务，并自愿承担因调整所带来的风险，原告以政策变化为由不履行支付首期款的行为构成违约。

40. 银行不接受"双拼房"用于贷款抵押，买方因此不能获得贷款，买方是否应承担违约责任？

裁判规则

买方未能向银行申请担保贷款，亦未以其他方式支付剩余购房款，未履行支付全部购房款的合同义务，构成违约，应承担相应的违约责任。卖方未及时将涉案房屋恢复至国土局备案户型具有一定过错，导致买方因银行贷款受阻而未能实现合同目的，应酌情降低买方的违约金。

案号索引

广东省深圳市中级人民法院（2019）粤03民终33898号民事判决书

案情简介

2019年4月5日，原告张某（买方）由××房地产公司（居间方）陪同至案涉房屋现场查看，当时案涉2802号房与隔壁2801号房仍处于连通状态，尚未隔断拆分。当日，张某向被告石某（卖方）支付购买2802号房的定金，石某向张某出具收款收据。2019年4月8日，买方、卖方与居间方三方签订《深圳市二手房预约买卖及居间服务合同》及《补充协议》。约定："买方无法取得银行贷款承诺额或银行贷款额不足以支付房款的，应于知道前述事实后十日内补足应付房款。"2019年4月12日，买方向居间方提交了向银行申请抵押贷款的相关材料，银行审查后，不接受"双拼房"用于贷款抵押，最终导致案涉房屋买卖交易无法履行。买方遂向法院起诉，买方诉称：卖方故意隐瞒案涉房屋系双拼房这一重要事项，导致合同目的无法实现，应当承担违约责任，应向其返还定金并支付资金占用期利息、支付违约金。

法院观点

一审广东省深圳市宝安区人民法院认为：张某作为买方，签订涉案合同及补充协议后，在约定的期限内履行了支付定金、向××房地产公司提交申请抵押贷款的相关资料等义务，但实际未向银行申请担保贷款，亦未以其他方式支付剩余购房款，未履行支付全部购房款的合同义务，构成违约，应承担相应的违约责任。

石某作为卖方，将案涉房屋与相邻的2801号房进行了隔断，张某未进行现场查看。张某主张石某、××房地产公司签订合同时恶意隐瞒案涉房屋为双拼房及案涉房屋学位已被占用这一对张某是否决定购买造成实质影响的信息。根据庭审情况，案涉房屋具有独立的产权登记，张某在签订案涉合同前经现场看房明知案涉房屋与相邻的2801号房屋打通及房屋使用功能的真实情况；张某主张石某完成的隔断未能使案涉房屋恢复至国土局备案户型,但未能举证证明,经法庭询问明确拒绝承担评估鉴定费用,应承担举证不能的法律后果。故张某因石某违约使合同目的不能实现,要求石某支付合同总价 20% 的违约金 413,000 万元的主张,没有事实和法律依据,一审法院不予支持。

本案合同中双方同时约定了违约金和定金,庭审时石某明确选择适用违约金条款。关于违约金计算问题。双方合同中约定按购房总价的 20% 计算,即 41.3 万元。考虑到石某未及时将案涉房屋恢复至国土局备案户型具有一定过错,客观上加重了张某的负担;张某在得知隔壁 2801 号房买方未获得中信银行贷款后,收到石某支付购房款的催告当日立即明确提出不继续支付购房款;石某并未提供依据证明除为履行合同将案涉房屋与隔壁 2801 号房隔断支付费用外实际造成了其他损失,亦未提供证据证明将案涉房屋与隔壁 2801 号房隔断支付费用的具体数额,根据合同的履行情况、双方的过错程度等综合因素,结合本案实际情况,一审法院酌定张某应向石某支付违约金 10 万元。因石某应向张某返还定金 10 万元,张某与石某互负履行义务予以抵销,双方均无须另外履行。

二审广东省深圳市中级人民法院认为:本案的争议焦点为违约方的确定问题。张某已就案涉合同履行至首期款监管阶段,只是另案 2801 号房贷款被拒而自己的贷款银行北京银行亦表达了同样的态度之后,其才决定不再履行合同,并知会石某。虽然合同中约定张某有付款责任,但在深圳的房屋交易实践中,购买方不贷款全额支付的情形不多见,要求张某在此情形下全额支付,否则便属违约的认定与案情及当事人订立合同时的真实意思表示不符,应予纠正。而反观石某作为卖方,在未将房屋隔断为两间情形下便出卖交易,导致本案张某、另案蔡某在购买过程中均因银行贷款受阻而未能实现合同目的,具有过错,亦应承担一定的责任。鉴于此,法院认为,一审法院基于多种因素认定张某承担 10 万元的违约金与其在案涉合同解除中的过错程度不符,未能体现石某在案中的过错责任,有失公平。因此,法院结合双方在合同签订、履行中的各种因素,酌定张某向石某承担的违约金为33,000元。因石某尚需退还张某定金10万元,故两项相抵后,石某退还张某67,000元即可。

相关规定

《中华人民共和国民法典》

第五百九十二条　当事人都违反合同的,应当各自承担相应的责任。当事人一方违约造成对方损失,对方对损失的发生有过错的,可以减少相应的损失赔偿额。

41. 银行改以建设部门发布的二手房成交参考价格作为贷款的依据,影响买方的贷款金额,是否属于不可抗力?

裁判规则

深圳市住房和建设局发布的二手房成交参考价格间接影响了购房,但不属于不可抗力,不能直接导致合同解除的法律后果。

案号索引

广东省深圳市罗湖区人民法院(2021)粤0303民初27157号民事判决书

案情简介

买方罗某(原告)与卖方曾某(被告)于2021年1月10日签订《二手房买卖合同》,约定罗某购买曾某名下房屋××山庄14栋204房,购房价格552万元,定金20万元。2021年2月8日,深圳市住房和建设局发布二手房成交参考价格,银行以该参考价格发放二手房贷款。涉案房屋的二手房成交参考价格为440万元,罗某认为该政策从银行贷款比例和贷款资格审查等方面对其产生了不可预见的影响,要求解除合同并双倍返还定金。

法院观点

广东省深圳市罗湖区人民法院认为:原、被告签订了涉案《二手房买卖合同》,双方应当依约履行。原告主张被告没有在合同签订后的180日内赎楼,且明确表示不赎楼,构成违约,原告行使合同解除权并依据合同第15条要求被告双倍返还定金。法院认为,(1)双方于2021年7月12日就合同的履行进行了协商,录音证据可以证明两点:第一,深圳市住房和建设局于2021年2月8日发布的二手房成交参考价格,对银行的房贷政策产生影响,继而影响原告的购房资金。被告未赎楼是因为知道该情况,给予原告更多时间解决资金问题,办理资金监管,这是双方协商的结果,并非被告违约。第二,双方对于解除合同并无争议,仅对于20万元定金是否退还未达成一致。故法院认定涉案《二手房买卖合同》已于2021年7月12日解除。(2)原告称在协商之后其已经准备了全款购买房屋,但未提交资金证明。原告在2021年7月29日要求被告赎楼的微信中并未明确告知其已经解决资金问题,要求继续履行合同。此外,被告在庭审中明确表示若原告现在要购买涉案房屋,双方还可以履行。故原告主张被告拒绝履行合同,理由不成立,法院不予采纳。(3)深圳市住房和建设局于2021年2月8日发布二手房成交参考价格间接影响了原告购房,但不属于不可抗力,不能导致合同解除的法律后果。即使原告据此解除合同,也无权要求被告退还定金。综上,原告的诉讼请求,缺乏事实和法律依据,法院不予支持。

相关规定

《中华人民共和国民法典》

第一百八十条　因不可抗力不能履行民事义务的,不承担民事责任。法律另有规定的,依照其规定。不可抗力是不能预见、不能避免且不能克服的客观情况。

相反案例

【裁判规则】深圳市住房和建设局出台新的房地产调控政策,对买方的履约能力造成不利影响且并非当事人在订立合同时可以预见,故本案因房地产调控政策的实施这一不可归责于当事人双方的事由致使合同不能继续履行,买卖双方互不承担违约责任。

【法院观点】在(2021)粤0309民初15291号案件中,广东省深圳市龙华区人民法院认为:原告、被告、第三人签订的《深圳市二手房预约买卖及居间服务合同》为双方的真实意思表示,且不违反法律、行政法规的强制性规定,应为有效。根据原、被告诉辩意见,双方当事人均主张解除上述《深圳市二手房预约买卖及居间服务合同》,故原告诉请解除涉案合同,法院予以支持。因合同解除,被告支付的定金,原告应当返还,本案中,原告、被告、第三人均确认涉案10,000元定金实际由第三人监管,原告并未实际收取,故被告应向第三人主张权利,原告无须另行返还。关于被告是否违约。卖方王某、买方金某于2021年2月7日签订房屋买卖合同,2月8日,深圳市住房和建设局出台新的房地产调控政策,该政策引导商业银行按照二手住房成交参考价格合理发放贷款，实际上提高了购买二手住房支付的首付款项，增加了买方的购买成本，对买方的履约能力造成不利影响。房地产调控政策的出台并非当事人在订立合同时可以预见，故本案因房地产调控政策的实施这一不可归责于当事人双方的事由致使合同不能继续履行，买卖双方互不承担违约责任。被告因新政原因与原告协商未果，提出解除合同符合相关法律规定，并不构成违约；且被告于合同签订第二日即主动与第三人沟通合同解除事宜，并未对原告涉案房屋进行二次销售产生实质影响，原告亦未对其损失举证证明，故原告主张被告支付违约金、维权费等诉请，法院不予支持。

42. 买方逾期付款在先，卖方房产被查封在后，最终谁应当承担违约责任？

裁判规则

买方逾期付款，违约程度轻微，综合判断无违约主观故意，仍具备较好履行条件的，交易双方应继续履行合同以实现合同目的。后因卖方原因导致合同无法履行或终止履行的，属于卖方根本违约，应当承担相应的违约责任。

案号索引

广东省佛山市中级人民法院(2021)粤06民终11948号民事判决书

案情简介

2020年1月15日，买方江某、陈某与卖方毛某、郭某签订《房屋买卖合约》，双方约定“买方承诺在2020年2月10日前须交付卖方首期款壹拾伍万元整”,后买方于2020年2月12日支付该款。2020年4月9日,因毛某涉及另案诉讼,房屋被法院查封。卖方向买方主张逾期付款违约责任。买方向卖方主张解除合同、返还房款及利息。

法院观点

广东省佛山市中级人民法院认为:毛某上诉主张,江某、陈某未按涉案合同约定于2020年2月10日前支付首期款150,000元,构成违约,江某、陈某不享有单方解除合同的权利,亦无权要求毛某、郭某承担违约责任。首先,经核查,江某、陈某于2020年2月12日即向卖方毛某、郭某转账140,000元,与涉案合同约定的付款日(2020年2月10日)仅相距2天,除此之外,江某、陈某均依约按时付款且毛某悉数予以接受。另外,江某、陈某还应毛某要求,于2020年1月20日主动支付了首期款10,000元。以上情况表明江某、陈某并无违约的主观故意,其违约程度轻微,毛某此前亦未以此为由主张解除合同,涉案合同此时仍具备较好的履行条件,交易双方应继续履行合同以实现合同目的。其次,由于涉案房屋项下属于毛某的不动产权份额于2020年4月9日因毛某涉及另案诉讼的原因被法院查封,经江某、陈某催告处理后,至今尚未解封;毛某也自认其因债务过高存在无力还贷的情形。上述情形均严重影响涉案合同的履行,合同目的已无法实现,毛某对此应当承担主要责任。因此,江某、陈某向毛某、郭某主张解除合同并要求其承担相应违约责任有事实和法律依据,应予以支持。毛某的上诉主张不能成立,法院不予支持。涉案合同已有关于违约责任负担的相关约定,一审法院据此判决毛某、郭某应向江某、陈某支付违约金140,000元及赔偿中介服务费及咨询费21,000元,处理正确,法院予以维持。

相关规定

《中华人民共和国民法典》

第五百六十三条　有下列情形之一的，当事人可以解除合同：

（一）因不可抗力致使不能实现合同目的；

（二）在履行期限届满前，当事人一方明确表示或者以自己的行为表明不履行主要债务；

（三）当事人一方迟延履行主要债务，经催告后在合理期限内仍未履行；

（四）当事人一方迟延履行债务或者有其他违约行为致使不能实现合同目的；

（五）法律规定的其他情形。

以持续履行的债务为内容的不定期合同，当事人可以随时解除合同，但是应当在合理期限之前通知对方。

《全国法院民商事审判工作会议纪要》

47.【约定解除条件】合同约定的解除条件成就时，守约方以此为由请求解除合同的，人民法院应当审查违约方的违约程度是否显著轻微，是否影响守约方合同目的的实现，根据诚实信用原则，确定合同应否解除。违约方的违约程度显著轻微，不影响守约方合同目的的实现，守约方请求解除合同的，人民法院不予支持；反之，则依法予以支持。

同类案例

在（2021）粤03民终18172号案件中，广东省深圳市中级人民法院认为：涉案《二手房买卖及居间服务合同》《买方主体变更确认书》系双方当事人的真实意思表示,内容未违反法律法规的效力性强制性规定,应认定为合法有效,双方均应严格按照合同约定履行自身的合同义务。高某(卖方)关于涉案《买方主体变更确认书》违反公序良俗而无效的上诉意见,没有充分的事实及法律依据,法院对此不予采纳。关于涉案合同履行过程中的违约责任认定问题,涉案合同约定合同生效后3日内田某(买方)支付剩余定金8万元,即使认定田某于2020年9月10日在中原地产处刷卡8万元的支付行为已晚于合同约定时限1日,该行为亦未影响双方合同履行,按照合同约定及法律规定,高某均不享有单方解除合同的权利。高某无正当理由单方面要求终止履行合同的行为已构成根本违约,应承担相应的违约责任。法院根据合同履行情况及当事人的过错程度等因素,酌定高某应承担违约金338,000元,裁判处理并无不当,法院对此予以维持。田某关于应按合同价款20%的标准由高某承担违约金的上诉意见亦无充分理据,法院对此不予支持。

43. 新冠疫情发生后,买方签订合同且逾期付款,其能否以新冠疫情为由主张免责?

裁判规则

买方主张因新冠疫情影响导致经济困难、无力支付剩余房款不足以作为其减免违约责任的理由。

案号索引

广东省深圳市中级人民法院(2021)粤03民终10591号民事判决书

案情简介

经某中介公司居间介绍，余某（买受人，原告）与陈某（出卖人，被告）签订了《房屋买卖合同》。因余某未按合同约定支付首期款及办理首期款监管，陈某通过微信向余某发出解除合同通知函，内容载明：余某未按约定支付首期款或办理首期款监管手续，已逾期15天，陈某通知余某《房屋买卖合同》自收到本通知之日起解除。余某主张：因新冠疫情及国家采取防控措施导致余某的客户无法正常开工，余某无法收取工程款，以致无法按期支付首期款。

法院观点

广东省深圳市中级人民法院认为：余某（买方）与陈某（卖方）于2020年3月12日签订涉案买卖合同，此时新冠疫情是已经发生的事实，防控措施在此之后也没有升级，余某以新冠疫情为由抗辩免责，法院对此不予采纳。

相关规定

《最高人民法院关于依法妥善审理涉新冠肺炎疫情民事案件若干问题的指导意见（二）》

第一条第一款　疫情或者疫情防控措施导致当事人不能按照约定的期限履行买卖合同或者履行成本增加，继续履行不影响合同目的的实现，当事人请求解除合同的，人民法院不予支持。

同类案例

【案例一】在（2020）粤0304民初45733号案件中，广东省深圳市福田区人民法院认为:支付房款是原告方某作为买房者的根本义务,原告方某未提交证据证明因新冠疫情导致无法支付房款,而冯某是否符合深圳市购房条件与本案无关,非支付房款的先行条件也不构成支付房款的障碍,原告方某主张因不符合购房资格或疫情影响而暂缓支付剩余款项,缺乏事实和法律依据。综上,原告方某未在约定的时限内付清剩余房款,被告由此享有合同解除权,因此驳回原告请求继续履行合同的诉讼请求。

【案例二】在(2020)粤0309民初10733号案件中,广东省深圳市龙华区人民法院认为:熊某华(买方)未能办理资金监管系因其资金不足造成,而筹集购房资金属于熊某华履行涉案合同所必然要解决的问题,故其主张因新冠疫情导致其资金出现困难不足以作为其减免违约责任的理由,因此陶某(卖方)有权没收定金。

相反案例

【裁判规则】因疫情防控措施导致买家迟延付款的,可顺延相应履行期限,卖方不得以逾期履行为由解除合同。

【案例一】在(2021)粤03民终25505号案件中,广东省深圳市中级人民法院查明:2020年1月11日,欧某为买方,王某为卖方,深圳市世华房地产投资顾问有限公司为居间方,签订《深圳市二手房预约买卖及居间服务合同》,约定王某将上述涉案房产作价249.5万元出售给欧某。合同签订前后,欧某分三笔共向王某转账支付30万元定金。2020年3月18日,欧某因未能收回应收投资款,未能一次性支付购房余款给王某。2020年3月25日,居间方建立微信群协调欧某、王某协商。经初步沟通,欧某解释称受新冠疫情影响未能按预期及时收回应收的投资款项,预计付款期限需延至八九月。王某称急售系因需在4月15日前筹款支付首付,不能接受欧某的延期主张。双方未能协商一致,居间方协调双方于2020年3月28日面谈,但亦未能形成书面的一致意见。2020

年4月4日,王某向欧某发出《解除合同通知函》,以欧某逾期付款为由单方解除合同。

法院认为:2020年1月24日至30日是2020年法定春节假日,已在双方签订合同时的预期之中,不可以相应顺延债务履行期限。2020年1月23日、2020年1月31日至2月10日(共12天),因新冠疫情暴发以及实施疫情防控措施,超出了双方的预期,会造成合同履行方面的困难,可以顺延债务履行期限。案涉协议约定欧某(买方)履行支付除定金、交房保证金之外的房款至双方约定的银行第三方监管账户的期限为2020年3月18日,相应顺延12天后(2020年1月23日、2020年1月31日至2月10日,共12天),欧某履行该义务的期限为2020年3月30日,再顺延7日,为2020年4月7日。王某(卖方)在2020年4月4日通知解除合同时,欧某逾期履行上述义务并未超过7日。因此,在2020年4月4日,王某并不享有合同解除权,其没收定金,不符合双方的约定。原审没有支持欧某关于返还定金及支付自起诉之日起利息的诉讼请求不当,法院予以纠正。

【案例二】在(2021)粤03民终12054号案件中,广东省深圳市中级人民法院亦认为:某某公司辩称因涉案项目精装修施工期间正处于新冠疫情暴发及政府采取疫情防控措施期间,某某公司延迟交房是因新冠疫情防控措施造成的不可抗力,应部分或全部免责。经查,因受新冠疫情影响,广东省于2020年1月23日决定启动重大突发公共卫生事件一级响应,于2020年2月24日起调整为二级响应,于2020年5月9日起再次调整为三级响应。一审法院认为,合同约定的交房时间(2020年4月15日前)正值新冠疫情暴发期间,疫情防控措施确实会对企业的生产经营产生一定影响,导致涉案工程项目迟延完工,属于不可抗力情形,故一审法院综合本案实际情况,根据公平原则,酌情予以扣减一个月的逾期交房时间,对某某公司该抗辩意见予以部分采纳。因此,某某公司应向谭某支付自2020年4月16日(合同约定的交房时间的次日)起至2020

年9月5日止(扣减一个月)延期交房的违约金。

相关规定

《最高人民法院关于依法妥善审理涉新冠肺炎疫情民事案件若干问题的指导意见(二)》

第四条　疫情或者疫情防控措施导致出卖人不能按照商品房买卖合同约定的期限交付房屋,或者导致买受人不能按照约定的期限支付购房款,当事人请求解除合同,由对方当事人承担违约责任的,人民法院不予支持。但是,当事人请求变更履行期限的,人民法院应当结合案件的实际情况,根据公平原则进行变更。

44. 买方多支付购房款,卖方未及时退还的,是否应支付迟延付款违约金?

裁判规则

买方多支付购房款,卖方未及时退还的,应当支付迟延付款违约金。

案号索引

广东省深圳市宝安区人民法院(2020)粤0306民初7611号民事判决书

案情简介

李某(买方)与关某(卖方)在中介居间下签订了《预约买卖合同》,

约定以370万元购买关某名下某房产,后为了得到更高的银行贷款,三方签订《深圳市二手房买卖合同》将购房价格提高到410万元,并在《补充协议》中约定实际价格仍为370万元且关某应将收到的超过370万元的款项返还李某。然而关某收到按揭贷款共计410万元后仍有173,500元未退还,李某遂诉至法院。

法院观点

广东省深圳市宝安区人民法院认为:关于迟延返还的违约金。原、被告在《补充协议》中约定若一方不遵照执行,视为违约,以原合同成交价的每日2‱赔偿违约金。被告未依约向原告返还多付购房款,已构成违约,应承担相应违约责任。但结合原告未足额收取的款项为173,500元,按照成交价370万元计算违约金过高,法院酌定为被告以173,500元为基数,按照每日2‱的标准,自2020年1月22日起向原告支付违约金至清偿之日止。

相关规定

《中华人民共和国民法典》

第五百七十七条　当事人一方不履行合同义务或者履行合同义务不符合约定的,应当承担继续履行、采取补救措施或者赔偿损失等违约责任。

相反案例

【裁判规则】买卖双方约定增加首付款比例,但卖方未及时与银行沟通,导致银行发放贷款多于买方实际未付款金额的,买卖双方都对银行多放贷款产生的利息损失存在过错,各自承担贷款利息损失的50%。

【法院观点】在(2020)粤0307民3155号案件中,广东省深圳市龙岗区人民法院认为:原告(购房业主)与被告(开发商)原先约定首付248万元,贷款267万元。后原告为筹得更多资金,与被告协商提高首付部分至415万元以减少日后利息,被告同意但未及时与银行沟通,贷款银行仍然多向被告发放贷款147万元,并产生147万元的贷款利息损失。法院最终认为原、被告都存在过错,各自承担贷款利息损失的50%。

45. 房产过户后,买方未履行付款义务,卖方能否解除买卖合同并要求退还房产?

裁判规则

当事人基于特殊家庭身份关系构成房产买卖合同的法律关系,原合同房款支付期限的约定并非当事人真实意思表示,故双方对真实支付房款时间实际未约定。若房产已经过户,卖方以买方未按合同约定履行付款义务为由单方提出解除合同并要求退还房产,有悖于双方订立合同本意目的及社会情理。

案号索引

广东省深圳市中级人民法院(2020)粤03民再130号民事判决书

案情简介

史某秀(卖方)与史某(买方)签订的房屋买卖合同约定史某须于签订合同当日即2016年11月4日支付定金20万元,剩余房款178万元须于2016年11月15日前一次性支付至买卖双方约定的银行第三方监管账户,如史某逾期付款则史某秀有权解除合同。签订合同后,合同约定的付款期限已到,史某并未依约履行上述付款义务,合同约定的解除合同的条件已成就,此时史某秀有权要求解除合同,享有合同解除权,但史某秀此时并未行使合同解除权,而是选择继续履行合同在2016年11月15日将涉案房屋过户至史某名下。后,卖方要求解除合同。

法院观点

广东省深圳市中级人民法院认为:虽然,史某未能按照合同约定时间支付房款违反了合同义务,但本案中,当事人之间的交易关系并非普通市场交易关系,而是包含了较多的家庭感情及伦理因素的民事法律行为,被申请人史某秀仅以史某未按时履行付款,单方提出解除合同及退还房屋的诉请,有违当事人合同订立初衷及我国民法的诚实信用原则,依法应不予支持。对此法院分述如下:(1)本案二手房买卖合同包含了较多家庭情感与社会伦理因素。本案当事人之间具有密切的家庭血缘关系。史某秀和史某强之间为亲生兄弟,史某强和史某之间为父亲和独女关系……双方当事人不同于一般市场交易的民商事主体。(2)本案二手房成交价格系双方当事人的真实意思表示。史某强独女史某,年有30余岁。目前史某强和史某在深圳均无名下住房安身。在上述背景条件下,基于两人兄弟亲情及中华传统家庭伦理帮扶的观念,在房地产较快上涨情势推动案涉房屋价由2003年29万元增至2016年380万元(估计)的行情下,双方当事人同意按照明显低于市场估计的218万元价格交易过户,具有明显的帮扶眷顾性质。可见,涉案房屋交易不同于一般市场商品房交易情形。(3)本案二手房房款支付期限并非当事人的真实意思表示,且史某秀对史某或史某强不能按时支付房款应当能够充分预见和默许。理由如下:(1)史某秀签订合同之时应当预见到史某无法按时支付购房全款。史某秀既是史某强的兄弟,也是史某强工作所在公司的负责人,史某秀对史某强和史某一家人实际经济能力应当熟悉了解,但双方并未约定按揭付款方式反而约定一次性付款。故史某秀签订合同之时应当完全能够预见史某强和史某家人无法依约按时履行一次性付款义务。(2)本案合同签订方式及履行方式表明史某秀对史某不能按时付款予以默许。一般市场的二手房屋交易安全惯例是先办理按揭后或待房款支付完后再申请办理过户登记。而本案合同约定2016年11月7日之前办理房屋过户手续,11月15日才支付剩余房款178万元,即办理过户后才支付大部分房款。史某秀在史某未依约支付定金20万元的情况下依然办理房屋过户登记。由此可见,史某秀签订二手房买卖合同的首要关注内容是房屋过户变更登记,而非房款支付期限。故史某未按照合同履行付款义务属于合同订立时史某秀可预见且默许之情形。

综上,本案当事人基于特殊家庭身份关系及真实意思表示达成房屋买卖合同的法律关系,但原合同房款支付期限的约定并非当事人的真实意思表示。故案涉合同对真实支付房款时间实际未约定,双方当事人对此可再行协商处理;若未能协商一致,史某秀有权随时向史某主张履行付款义务。现史某秀以史某未按合同约定履行付款义务为由单方提出解除合同并退还房屋,有悖于双方订立合同本意目的及社会情理,故法院不予支持。

相关规定

《中华人民共和国民法典》

第五百七十七条　当事人一方不履行合同义务或者履行合同义务不符合约定的,应当承担继续履行、采取补救措施或者赔偿损失等违约责任。

同类案例

在(2017)闽02民终1563号案件中,福建省厦门市中级人民法院认为:李某与杨某签订的《房产买卖居间协议书》以及两份补充协议均系当事人的真实意思表示,内容于法不悖,应认定为合法有效,双方均应依约履行。合同约定杨某应于2016年7月14日支付剩余购房款430万元,但杨某迟至2016年8月15日才支付,其行为构成违约,应承担相关的违约责任。鉴于李某已收到全部购房款,且诉争房屋的权属也已转移登记至杨某名下,房屋买卖合同已实际履行完毕,解除合同既不现实,也无必要,故李某要求解除房屋买卖合同及补充协议,不予支持。杨某迟延履行合同约定的主要义务,依约应当向李某支付总房款20%的违约金。考虑到合同已经实际履行完毕,杨某仅迟延一个月支付剩余购房款,且李某未提交足够的证据证明其实际损失达到或者超过合同约定的违约金936,000元,故李某要求杨某按照合同约定支付总房款20%的违约金过高,酌情调整为总房款的8%即374,400元。双方约定违约方应支付守约方由此产生的律师费、诉讼费,因此,李某要求杨某支付其聘请律师的费用25,000元及诉讼保全费3250元,予以支持。

46. 买方为学位购买学区房,卖方因自身疏忽遗漏曾出租的事实导致学位被锁定的,应当承担何种责任?

裁判规则

买方为学位购买学区房,卖方因自身疏忽遗漏曾出租事实导致学位锁定的,构成违约,应当承担违约责任。

案号索引

广东省深圳市宝安区人民法院(2020)粤0306民初15290号民事判决书

案情简介

廖某(买方)为申请子女小学学位,在某中介的居间下向陈某(卖方)购买某房屋,签约时陈某、中介确定名下学位未被使用。交易完成后,廖某发现案涉房屋附有租约,承租人已经使用案涉房屋小学学位,经争取无法腾退学位后廖某诉至法院要求陈某按照合同约定承担成交价20%的违约金。

法院观点

广东省深圳市宝安区人民法院认为:原、被告签订的《二手房买卖及居间服务合同》系双方真实意思表示,且未违反法律、行政法规的禁止性规定,应当认定为有效,对双方均具有法律约束力,双方均应按照合同约定全面履行各自的义务。原、被告现已按书面合同的约定履行了相关付款、转移登记、交付使用等义务,但从原、被告庭审陈述看,原告购房目的除满足居住条件外,还用于申请小学学位用途,上述缔约目的虽未在合同具体条款中予以明确约定,但被告对此系知情的,鉴于被告疏于披露案涉房屋学位被锁定的事实,使原告子女无法就近入学造成损失,被告应当予以适当赔偿。考虑到案涉合同已经履行完毕,原告请求按照合同解除情形下的违约责任条款主张违约损失理据不足,斟酌本案案情和原告实际受到的损失,基于公平原则和诚实信用原则,法院酌情认定被告应支付原告违约损失30万元(原先原告主张合同总价20%即273万元)为宜。至于原告主张的律师费,属于间接损失,因双方合同并未明确约定律师费负担事宜,故该项诉求缺乏事实依据,法院不予支持。

相反案例

【裁判规则】买方未在合同中约定购买房屋是为了学位,也未约定学位使用情况,买方以购买房屋的学位已经锁定为由主张卖方承担违约责任的，法院不予支持。

【法院观点】在(2020)粤0305民初29277号案件中，广东省深圳市南山区人民法院认为：买方未能举证证明其购买房屋是为了可用学位，合同中亦未作约定，原告主张学位锁定，被告构成违约的诉讼请求不予支持。(1)涉案《二手房买卖合同》约定了涉案房产的交易价格、付款方式及过户等事项，而并没有约定学位事宜。原告认为学位对于房产具有较高的附加价值，双方交易价格中包含所能就读该学位的价值，保证前海小学学位可以使用应是合同的附随义务。法院认为，双方于涉案房产的交易价格并不当然包括交易时候可用学位的价值，原告该主张没有依据。(2)房产买卖作为重大的交易行为，而涉案房产学位实施学位锁定的信息亦可以通过上网公开查询及其他渠道获悉，如果原告在买房时关注涉案房产的学位情况，其应当通过上网查询了解信息，但是原告却一直没有查询。即便原告当时不清楚是否能够上网查询学位信息，亦可以与被告明确约定方式确认学位使用情况预防以后争议风险，但是原告亦未能提供证据证明双方就此曾协商约定，此与常理不符。因此，法院未支持原告的诉求。

47. 卖方存在信用卡逾期，导致赎楼费用过高，买方不愿意承担高于正常赎楼的费用，双方履行中产生分歧，买方可否请求继续履行房屋买卖合同？

裁判规则

卖方存在信用卡逾期，导致赎楼费用过高，买方不愿意承担高于正常赎楼的费用，双方履行中产生分歧，双方都存在过错，过错程度相当，可相互抵销，买方可以请求继续履行房屋买卖合同。

案号索引

广东省深圳市南山区人民法院(2020)粤0305民初25714号民事判决书

案情简介

江某(买方)和肖某(卖方)签订《二手房买卖合同》约定交易肖某名下某套房屋。《二手房买卖合同》约定买方承担赎楼费用,并同意卖方委托担保公司融资赎楼,未对赎楼费用限额进行约定。卖方由于信用卡还款逾期,通过微信联系上的赎楼公司报价赎楼费率为每日1.5‰,买方认为费用过高,提出仅承担每日8‱的市场价并拒绝配合办理赎楼。双方就费用承担产生矛盾,买方诉至法院。

法院观点

广东省深圳市南山区人民法院认为:原告坚持最多支付每日8‱的赎楼费率,而担保公司给出的赎楼费是按照每日1.5‰计算,双方就赎楼费的分歧未能通过协商得以解决,从而导致未能推进赎楼手续的办理,涉案合同因此停止履行。对原告来说,原告坚持自认为得每日8‱的市场行情,对超出部分不愿承担,未考虑被告存在信用卡逾期等特殊原因,原告自身存在过错。对被告来说,被告始终未告知原告担保公司的具体名称,亦未将正式的委托赎楼合同交付原告,被告亦存在过错。法院认为,双方主要基于对赎楼费未协商一致产生分歧,各有过错,过错程度相当,可相互抵销。对双方各自主张的违约责任,法院均不予支持……庭后,原告提交了《购房资格证明》,表明原告具有购房资格。庭后,原告提交了《情况说明》,承诺原告具有购房款一次性支付能力。如果被告未履行解除房产抵押的义务,原告愿意代替被告向第三人中行前海蛇口分行偿还借款,注销抵押登记。若替被告偿还贷款,相关款项从原告应支付给被告的购房款中抵减。由上可知,双方的主要分歧可以通过原告向房屋抵押权人,即本案第三人中行前海蛇口分行偿还借款的方式予以赎楼而得以解决,且原告具有购房资格,承诺有履约能力。涉案合同具备继续履行的可行性,应继续履行。

相关规定

《中华人民共和国民法典》

第五百六十三条　有下列情形之一的,当事人可以解除合同:

(一)因不可抗力致使不能实现合同目的;

(二)在履行期限届满前,当事人一方明确表示或者以自己的行为表明不履行主要债务;

(三)当事人一方迟延履行主要债务,经催告后在合理期限内仍未履行;

(四)当事人一方迟延履行债务或者有其他违约行为致使不能实现合同目的;

(五)法律规定的其他情形。

以持续履行的债务为内容的不定期合同,当事人可以随时解除合同,但是应当在合理期限之前通知对方。

第五百九十二条　当事人都违反合同的,应当各自承担相应的责任。

当事人一方违约造成对方损失,对方对损失的发生有过错的,可以减少相应的损失赔偿额。

48. 办理产权续期到70年的手续导致赎楼时间延长，增加的短期借款利息应当由谁承担？

裁判规则

续期费用一般根据交易习惯仅指因办理续期向相关行政部门支付的相关手续费，不含短期借款利息，合同约定由卖方承担续期费用，并不包含短期借款利息，卖方不承担该费用。

案号索引

广东省深圳市南山区人民法院(2020)粤0305民初30050号民事判决书

案情简介

2020年4月16日，姜某(买方)与许某(卖方)、乐某公司(居间方)签订《深圳市二手房预约买卖及居间服务合同》，约定卖方向买方转让深圳市南山区某套房产，同日，双方签订《二手房买卖合同补充协议》，约定卖方配合买方去中国银行审批30年期限贷款承诺函，红本赎出来之后2个工作日内去递交申请续期70年产权，续期费用由卖方承担。在交易中，因办理房产年限续期导致赎楼时间增加了14天，短期借款利息是按日收费，费用金额也对应增加，买方认为这部分对应的短期借款利息也应由卖方承担，卖方对此不认可。买卖双方因短期借款利息产生争议，引发本案诉讼，故买方要求卖方退还多付的款项。

法院观点

广东省深圳市南山区人民法院认为：对于因抵押欠款超过290万元及续期产权14天而增加的短期借款利息15,120.07元，被告表示其原意承担超过290万元部分产生的短期借款利息，但不愿意承担因续期产权14天而增加的短期借款利息。涉案补充协议约定"卖方配合买方去中国银行审批30年期限贷款承诺函，红本赎出来之后2个工作日内去递交申请续期70年产权，续期费用由卖方承担"，对于其中"续期费用"并未明确约定包括哪些费用，双方持有不同理解。结合涉案合同约定来看，涉案房产交易产生的所有税费系由买方承担，包括提前还款短期借款利息，而交易习惯中，续期费用通常指的是因办理续期向相关行政部门支付的相关手续费，而非因产权续期而增加的所有费用，原告主张该费用包括因此而产生的短期借款利息，与合同约定及交易习惯不符，法院不予支持。

相关规定

《中华人民共和国民法典》

第五百一十条　合同生效后，当事人就质量、价款或者报酬、履行地点等内容没有约定或者约定不明确的，可以协议补充；不能达成补充协议的，按照合同相关条款或者交易习惯确定。

49. 卖方房产被查封而无法过户，买方可否要求卖方承担违约责任？

裁判规则

卖方房产被查封而无法过户，卖方构成违约，买方可以要求卖方承担违约责任。

案号索引

广东省深圳市福田区人民法院(2020)粤0304民初54379号民事判决书

案情简介

张某(买方，原告)与龚某(卖方，被告)签订《二手房买卖及居间服务合同》，约定以818万元购买龚某名下某房屋。签约后张某支付了40万元定金并对首期款作资金监管。在约定的办理过户日期，龚某以“公司账户有问题需要处理”等借口拖延，张某催告对方尽快履约配合办理过户，后发现案涉房产已经被司法查封，于是向法院起诉要求解除合同、退还定金、按照合同约定支付总价款20%的违约金。

法院观点

广东省深圳市福田区人民法院认为：原告已于2020年7月14日在招商银行办理了370万元购房首期款的监管手续。根据《二手房买卖及居间服务合同》第5条约定，被告应自该日起60日内与原告签订二手房买卖合同及办理递件过户手续。此外，案涉合同第11条约定，如卖方逾期履行超过5日,买方可解除合同并选择要求卖方支付转让成交价20%的违约金承担违约责任或双倍返还买方已支付的定金。而案涉房产已于2020年8月4日被司法查封,至原告向被告发送《解除合同通知函》之日即2020年9月22日仍未解封,因被告无法在约定的时间内与原告办理递件过户手续,且至2020年9月22日已逾期超过5日,故原告向被告发送解除合同通知函系合法行使合同解除权。

因双方之间的房屋买卖合同关系已解除,原告诉请被告向其返还购房定金40万元(其中2万元由第三人直接返还),法院予以支持。关于违约金。法院认为,案涉合同因被告根本违约而解除,原告诉请被告按照案涉房屋买卖合同违约金条款的约定向其支付违约金163.6万元(818万元×20%),有事实和法律依据,法院予以支持。

同类案例

在(2021)粤1971民初20867号案件中,广东省东莞市第一人民法院认为:买卖双方签订《房地产买卖及经纪合同》以后均在履行合同,但是案涉房屋被东莞市第三人民法院采取保全措施导致合同无法履行。首先,被告与他人产生经济纠纷系因其此前的行为所致,被告应预见其后果并避免该经济纠纷的发生,且东莞市第三人民法院对案涉房屋采取财产保全措施后,被告仍可通过提供反担保方式继续履行合同,即并非客观上完全不可克服,因此被告主张的不可抗力情形不成立。其次,退而言之,即使被告在其与案外人的纠纷中无须承担责任,其亦可向财产保全申请人追究财产保全错误的责任,况且其并未举证证明其在与案外人的纠纷中无须承担责任。最后,被告系案涉合同的卖方,应履行交付案涉房屋的义务,其与案外人产生经济纠纷致使案涉房屋无法交付,并非原告之过。综上,被告无法按约办理案涉房屋的过户,构成违约,应向原告承担违约责任,被告应按照合同约定向原告支付成交总价款20%的违约金。

50. 买方逾期付款期间房屋被查封，买卖双方如何分担违约责任？

裁判规则

买方逾期付款期间房屋被查封导致合同解除的，双方对合同目的不能实现均负有责任，双方主张对方承担违约责任均不予支持。

案号索引

广东省深圳市中级人民法院（2020）粤03民终21794号民事判决书

案情简介

方某（卖方）与肖某（买方）签订《房地产买卖合同》，约定交易某房屋，但未明确约定注销抵押费用承担、后期款项期限。买卖双方后来协商一致由买方肖某筹集资金赎楼，卖方催告买方尽快赎楼，但买方因资金问题未能支付完整赎楼款，后涉案房屋被深圳市公安局查封，买方遂起诉要求解除合同、卖方退回赎楼垫资并双倍返还定金。

法院观点

广东省深圳市中级人民法院认为：2018年12月24日后，双方协商一致继续履行合同，并明确由曾某筹集资金注销抵押登记手续，曾某在抵押登记注销前向方某按揭贷款账户支付涉案房屋月供款，但双方未明确约定注销抵押登记、办理过户登记手续、支付余下购房款的履行期限。方某曾在涉案房屋被查封前向曾某催促尽快办理注销抵押登记手续，可见方某积极希望合同履行，而曾某因自身资金原因不能立即履行。方某作为卖方，有义务保证涉案房屋至履行期限时具备过户登记条件，涉案房屋因被查封使合同目的未能实现，方某负有责任。涉案房屋办理过户登记手续需先注销抵押登记，曾某作为按约定应承担注销抵押登记费用的一方，至庭审时未办理任何注销抵押登记的手续，其因自身原因既不能应方某要求立即履行，亦无法明确具体的履行期限。曾某主张双方明确约定自2018年12月24日起延期3个月履行，但仅提供其委托代理人陈某与方某2019年8月28日的微信聊天记录予以证明，方某予以否认，该证据亦无法与其他证据相互印证，法院不予采纳。曾某在明确知晓涉案房屋被查封后，继续向方某按揭贷款账户支付2019年4月和5月的月供款，可见其未主张解除合同，仍同意继续履行。曾某对合同目的未能实现亦负有责任。因曾某、方某双方对合同目的未能实现都负有责任，故曾某诉请方某承担根本违约责任双倍返还定金，方某抗辩曾某承担根本违约责任不予返还定金，法院均不予支持，法院仅支持了曾某返还定金的诉讼请求，双方都不承担违约责任。

相关规定

《中华人民共和国民法典》

第五百九十二条　当事人都违反合同的，应当各自承担相应的责任。当事人一方违约造成对方损失，对方对损失的发生有过错的，可以减少相应的损失赔偿额。

同类案例

在(2021)粤0113民初6506号案件中，广东省广州市番禺区人民法院认为：买方无购房资格导致合同履行迟延、期间卖方涉诉房屋被查封。无论是签订《商品房转让协议书》时，还是后续双方履行《商品房转让协议书》过程中，涉诉房屋的过户一直存在客观障碍，即一方面买方不具备广州市购房资格，另一方面涉诉房屋被抵押甚至查封，故双方就《商品房转让协议书》的履行障碍均负有责任……至于买方主张的损害赔偿金问题。如前所述，买方于签订《商品房转让协议书》时并不具备广州市购房资格，其作为完全民事行为能力人，理应知悉在其不符合限购条件的情况下涉诉房屋无法办理过户手续，《商品房转让协议书》存在履行障碍，在此情况下，买方仍继续履行《商品房转让协议书》并向卖方支付购房款，由此产生的相应风险及责任应由其自行承担，故就该诉请，法院不予支持。法院驳回了买方要求卖方承担违约损害赔偿金 180 万元的请求。

51. 夫妻一方购房，其配偶是否应对购房款以及违约金承担连带清偿责任？

裁判规则

夫妻一方购房，其配偶若对该购房事宜知情，也应对购房款以及违约金承担连带清偿责任。

案号索引

广东省深圳市中级人民法院(2021)粤 03 民终 13633 号民事判决书

案情简介

2019 年 11 月 19 日，段某(买方)、周某(卖方)与乐×公司(中介公司)签订了《深圳市二手房预约买卖合同及居间服务合同》，约定卖方拟转让位于深圳市福田区的房屋(以下简称案涉房屋)，转让价款 3650 万元，并且约定了买方以银行贷款的方式支付购房款等条款。案涉三方另签署《信息告知书》确认，案涉房屋有抵押，欠款抵押金额为1800万元。2019年11月20日，经乐×公司向深圳市不动产登记中心查询，案涉房屋被担保的主债权数额为3600万元；抵押事项名称为最高额抵押权首次登记；抵押登记日期为2018年11月14日。后段某认为周某隐瞒了案涉房屋抵押担保的真实情况，构成了欺诈，要求撤销合同并返还定金，周某并不认可欺诈事宜，向法院起诉请求段某承担不履行买卖合同的违约责任，并要求段某的妻子赵某对段某应承担的违约责任承担连带清偿责任。

法院观点

广东省深圳市中级人民法院认为：案涉合同签订时，赵某与段某系夫妻关系，且乐×公司员工的证人证言显示，签署案涉合同时赵某在现场，此后赵某又与各方前往银行核实抵押借款情况，赵某显然有共同购房的意思表示，赵某辩称其不同意买房，段某购房不是为了夫妻共同生活，与查明的事实明显不符，一审法院不予采纳。综上，一审法院认定案涉债务应属于赵某与段某的共同债务，周某诉请段某的妻子对段某的案涉债务承担连带清偿责任，有事实和法律依据，二审法院予以支持。

相关规定

《中华人民共和国民法典》

第一千零六十四条　夫妻双方共同签名或者夫妻一方事后追认等共同意思表示所负的债务，以及夫妻一方在婚姻关系存续期间以个人名义为家庭日常生活需要所负的债务，属于夫妻共同债务。夫妻一方在婚姻关系存续期间以个人名义超出家庭日常生活需要所负的债务，不属于夫妻共同债务；但是，债权人能够证明该债务用于夫妻共同生活、共同生产经营或者基于夫妻双方共同意思表示的除外。

同类案例

在(2021)粤03民终7899号案件中，广东省深圳市中级人民法院认为：关于彭某一的责任。虽然涉案房屋买卖合同由彭某二一人签订，但是彭某一与彭某二为夫妻关系，涉案房屋为两人夫妻共同财产，且彭某一、彭某二对涉案房屋转让均知情，因此，彭某一应向李某支付的补偿款为彭某一、彭某二夫妻共同债务，李某主张彭某二对上述补偿款的清偿承担连带责任，于法有据，一审法院予以支持。

52. 卖方能否以买方“假离婚”为由拒绝继续履行合同？

裁判规则

卖方没有充分证据证明买方“假离婚”会造成合同不能履行的，卖方不能以此为由拒绝继续履行合同。

案号索引

广东省深圳市宝安区人民法院(2020)粤0306民初35233号民事判决书

案情简介

2020 年 7 月 11 日，经世某公司介绍，李某（买方）、张某（卖方）签订意向书并约定涉案房屋转让款为 505 万元，定金为 40 万元。李某支付定金 40 万元后，张某配合签署了资金监管、申请贷款及担保赎楼的文件。但在随后的交谈中得知李某办理了“假离婚证”用于办理贷款，仅需支付三成首付。因担心李某的行为存在巨大风险，张某于 2020 年 8 月 8 日向世某公司提出配偶不想卖房，但协商无果，后于 2020 年 8 月 14 日告知中介公司确定不卖房，并向世某公司、担保公司、贷款银行反映情况，银行停止了贷款发放，李某遂向法院起诉要求张某承担违约责任。

法院观点

广东省深圳市宝安区人民法院认为：依据法院认定的事实，李某作为买方按照合同约定向张某支付定金 40 万元并办理首期购房款资金监管，取得银行出具的贷款承诺函，按照合同约定，张某应于 2020 年 8 月 19 日前与李某签订《深圳市二手房买卖合同》并办理产权转移登记手续，但张某在李某于 2020 年 8 月 19 日发送律师函催告的情况下，才于 2020 年 8 月 23 日提出李某办理“假离婚证”用于办理贷款，增加了其出售风险。张某作为卖方，合同目的为按时足额收取购房款，合同明确约定了若李某未能取得足额贷款时负有限期补足购房款的义务，张某在李某已取得贷款承诺函的情况下，以单方不安为由，在没有明确证据的情况下单方提出不再履行合同，已构成违约。

相关规定

《中华人民共和国民法典》

第五百二十七条　应当先履行债务的当事人,有确切证据证明对方有下列情形之一的,可以中止履行:

(一)经营状况严重恶化;

(二)转移财产、抽逃资金,以逃避债务;

(三)丧失商业信誉;

(四)有丧失或者可能丧失履行债务能力的其他情形。

当事人没有确切证据中止履行的,应当承担违约责任。

同类案例

在(2019)渝01民终3782号案件中,重庆市第一中级人民法院认为:韩某和游某是否办理"假离婚证"、是否提供虚假证明材料以骗取银行贷款,本案现无充分证据证明。即使游某提供虚假资料申请按揭贷款,也是属于相关部门进行处罚或者银行对游某的贷款进行相关处理的范围,与本案所涉房屋买卖合同关系并无直接关联,不影响房屋买卖居间协议的效力。且韩某的个人二手房贷款已经审批通过的事实此前已为游某、周某双方知晓,游某和韩某具备继续履行合同的能力。周某在无确实证据证明韩某办理"假离婚证"、提供虚假证明材料以骗取银行贷款,游某缺乏继续履行能力的情况下,不继续配合履行义务,擅自终止履行,构成违约。

53. 案涉房屋外的过道、楼梯等地方有人员非正常死亡，能否认定案涉房屋为凶宅，卖方对此是否有主动告知的义务？

裁判规则

案涉房屋的过道、楼梯等部位发生过非正常死亡事件，不能认定案涉房屋为凶宅，卖方无主动告知义务。

案号索引

上海市第一中级人民法院(2019)沪01民终15793号民事判决书

案情简介

2017年2月5日，张某一女友在系争房屋门外过道处喝醉酒后坠楼身亡。2019年2月28日，陈某与张某一、张某二、杨某就系争房屋签订了《上海市房地产买卖合同》及《补充协议》，约定成交价为4,000,000元，实际成交价为3,280,000元，双方应于2019年3月2日之前至中介方，以买卖合同约定的交易条件补签网络备案版《上海市房地产买卖合同》。当天，陈某向张某一银行账户转账100,000元。

2019年3月2日，陈某与张某一、张某二、杨某签订了网络备案版《上海市房地产买卖合同》约定转让价款为3,770,000元，双方于2019年3月31日之前共同向房地产交易中心申请办理转让过户手续。

陈某在签订合同时曾听说系争房屋有问题，要求中介进行了核实，也当面询问过张某一、张某二、杨某，后者当时告知陈某，曾有女孩在系争房屋门外过道处喝醉酒坠楼，但并未告知陈某坠楼人员与张某一的关系。

2019 年 4 月 3 日，系争房屋产权变更登记至陈某名下。

2019 年 4 月 22 日，陈某从邻居处得知坠楼的女孩系张某一女友，故与张某一、张某二、杨某进行交涉。陈某称其在签订合同时知道系争房屋门外过道处曾有人坠楼，但签订合同当天张某一、张某二、杨某并未告知坠楼人员系张某一女友，因其系西藏航空的机长，对该类事件有很强的忌讳心理，若张某一、张某二、杨某当时据实告知，其不会与张某一、张某二、杨某继续签约，张某一、张某二、杨某的行为构成欺诈。

因各方对合同的继续履行协商未果，陈某遂向人民法院起诉，请求以欺诈为由撤销前述合同。

法院观点

上海市第一中级人民法院认为：本案中坠楼系发生在系争房屋的外面，无论坠楼人员是否与张某一有关系，系争房屋都不属于传统意义中的“凶宅”。法院对于一审判决有关坠楼人员与张某一的身份关系并非影响房屋买卖合同订立的重要信息，以及陈某向张某一、张某二、杨某的询问不足以使常人认为该信息能影响陈某的购房决定等认定亦予以认同。陈某在询问过张某一、张某二、杨某后已明知系争房屋门外过道处曾有人坠楼，但其仍与张某一、张某二、杨某就系争房屋签订了《上海市房地产买卖合同》。故该合同不存在法律规定的可撤销的情形，陈某所述的张某一、张某二、杨某的隐瞒、欺诈行为，也难以认定为本案房屋买卖合同应予撤销情形事由为法律意义上的欺诈行为。

陈某上诉称，其系对坠楼人员的身份或死因陷入错误认识，基于对张某一、张某二、杨某的信任，作出了不真实的意思表示，签订了《上海市房地产买卖合同》和《补充协议》。但鉴于坠楼地点系在系争房屋门外过道处，坠楼人员的身份或死因与本案买卖合同标的物系争房屋本身并无直接关联，即使陈某确因其所称的系对坠楼人员的身份或死因陷入错误认识，作出了不真实的意思表示，签订了《上海市房地产买卖合同》和《补充协议》，也不属于法律意义上的关于系争房屋买卖合同应予撤销的欺诈情形。

相关规定

《中华人民共和国民法典》

第一百四十八条　一方以欺诈手段，使对方在违背真实意思的情况下实施的民事法律行为，受欺诈方有权请求人民法院或者仲裁机构予以撤销。

同类案例

在(2019)京02民终10414号案件中，北京市第二中级人民法院认为：(一)案涉房屋不是凶宅。判断是否为凶宅不能以个体主观感受为依据，应以公序良俗大原则下的社会共识为判断基准。日常交易实践对是否为凶宅的认识不断累积，最终汇聚达成相对明确的判断共识，此时方具备类型化判断的可能。规则主要有二：一是死亡形式，发生人为非正常死亡事件，自然生老病死属于人之常情，不属于此种范围；二是死亡地点，发生在房屋内，即房屋专有部分。当然死亡时间与交易时间的间隔对应主动告知凶宅的判断有影响，相距时间超出一定合理范围便无法归入与订立合同有关的重要事实，法院具体判断后可不认定该情况属于主动告知的范围。当事人对凶宅情况有约定时，判断个案是否可认定为凶宅应予以参照处理，基于当事人预期范围进行个性化排除。具体到本案，当事人对凶宅情形有所约定，但该约定与实际发生情况不一致，本案非正常死亡事件发生地点在房屋本体结构之外的六楼至七楼的楼梯间，该特殊情形就可直接排除通常意义上的凶宅认定。死亡人员系出卖人之妻，死亡地点与案涉房屋相距不远，房屋使用人日常生活也并非不可能路经此地，上述诸多因素势必会对使用人心理上产生不利影响，但该影响与死亡地点在房屋内的情形相比还是略显轻微，死亡地点也并非房屋使用人必经之路，直接将案涉房屋认定为凶宅，很难归入社会共识范畴，在一定程度上也为链某公司在庭审中的意见予以佐证，链某公司认为案涉房屋并非凶宅与房屋交易市场对凶宅认定的共识并非没有关系。故杜某之妻自缢在案涉房屋之外，与日常意义上的凶宅情形有异，在房屋交易市场对此类情况未进行规模化反应之前，案涉房屋不宜认定为凶宅。(二)杜某没有告知义务。杜某之妻自缢在案涉房屋外所在的六楼至七楼楼梯间，该事实不属于质量、性能、用途、有效期限等信息，亦不导致案涉房屋成为凶宅，客观上也不影响房屋的使用价值，要求杜某主动披露不利于杜某本人利益，期待可能性较低。相反如果王某对该类事实有较高关注，其去权属部门查询或者实地看房虽不能了解到该信息，但其主动向杜某询问即可，确保缔约符合自己的真实意思。杜某主动告知与杜某经询问后如实告知之间有所区别，法院并不否认在王某询问后杜某有如实告知的义务，但王某未向杜某询问前，杜某没有告知其妻在案涉房屋外非正常死亡的义务。

54. 因房屋被强制执行，买卖合同不能继续履行，装修等损失由谁承担？

裁判规则

若买方没有尽审慎义务，未对房屋查封情况进行了解且无视涉讼房屋未能交易过户的风险自行进行装修和家电投入对损失具有过错，则买方也对该部分自行扩大的损失承担责任。

案号索引

广东省广州市中级人民法院(2020)粤01民终2429号民事判决书

案情简介

2016年3月15日,毛某(买方)与劳某(卖方)签订《房地产买卖合同》,约定本次交易须在2016年5月15日之前办理完结。买方于2016年3月25日前支付首期房款人民币550,000元。毛某在支付首付款后,劳某于2016年3月31日将房屋先行交付毛某使用,毛某遂对房屋进行装修。该房屋已在2015年9月8日由法院在(2015)穗番法民一初字第1176-1号案中查封,2018年因劳某拒不履行生效判决所确定的义务,业勤公司向法院申请执行。现买卖合同无法继续履行,毛某起诉要求劳某返还购房款,赔偿违约金及装修损失。

法院观点

广东省广州市中级人民法院认为:首先,劳某对外负债过多导致涉讼房屋存在多次轮候查封,劳某作为涉讼房屋的卖方,未能剔除交易房屋的权利负担和司法障碍,未尽协助交易履行的卖方义务,理应承担合同不能继续履行的主要责任。但考虑其在毛某未有足额支付房款的情况下,于2016年3月31日将涉讼房屋先行交付毛某使用的这一情节,现有证据并不足以证实劳某在房屋交易过程中存在明显恶意。其次,毛某作为涉讼房屋买方,未尽审慎义务反而放任了损失的扩大。主要表现为:第一,从涉讼合同签订和履行过程中看,双方于2016年3月15日签订合同,合同本约定在2016年5月15日前办结交易却未办结,毛某也于庭审中陈述多次催促劳某交易过户而未果。即毛某对劳某未尽协助义务的前期障碍应尽合理注意义务。第二,从毛某提供的银行同意贷款意向书上看,出具时日为2016年5月16日,有效期间2个月。即使该证据所示毛某在支付550,000元购房款后,依约办理了银行贷款事宜,但该同意贷款意向书并不代表毛某已经支付该购房尾款,同意贷款意向书已明确提示放款条件需买卖双方补齐银行所需资料并办理抵押登记,特别说明"本意向书有效期为自出具当日起计2个月为止,过期后,如有必须,可向我行申请重新开立"。即毛某并未足额支付购房款,至2016年7月15日该同意贷款意向书到期后,毛某也未有证据证实其就自身付款义务与劳某重新达成协议。第三,不动产物权的设立、变更、转让和消灭,应当依照法律规定登记。毛某作为完全民事行为能力人,在受让涉讼房屋过程中未予办理预告登记或登记,其确认2016年3月31日接收房屋并于同年8月入住涉讼房屋使用至今,在仅支付了一半购房款的情况下,即先行占有使用涉讼房屋,也没有向法院提供证据证实其在此期间曾催促劳某履行过户手续或向劳某支付尚余的购房款,明显存在侥幸心理。按照毛某所示装修支出和购买家装费用的网购记录显示,发生在2016年6月5日至2018年2月5日,属于无视涉讼房屋未能交易过户的风险自行进行装修和家电投入,其所主张的该部分损失亦属自行扩大的损失范围。综上情节,毛某自身在购房过程中亦存在过错。

综上分析,涉讼合同有效但不能继续履行,关于毛某诉请解除涉讼合同的主张,具有事实和法律依据,一审法院予以支持。关于购房款的返还,劳某已确认并同意返还其已收取的550,000元购房款,一审法院予以确认。鉴于劳某对造成上述合同不能继续履行存在主要过错责任,应承担违约后果。根据《中华人民共和国合同法》第116条①的规定:"当事人既约定违约金,又约定定金的,一方违约时,对方可以选择适用违约金或者定金条款。"经一审法院释明后,毛某选择违约金条款,一审法院予以采纳。至于购房款利息,如前所述毛某存在自身过错,且已实际占有使用涉讼房屋较长时间,基于公平原则,一审法院对该利息主张

① 已失效,对应《中华人民共和国民法典》第588条。

不予支持。关于按揭费、房屋装修费用、房屋差价损失，如前所述，毛某应对其自身过错及扩大损失承担相应风险和责任，故法院对此均不予支持。

相关规定

《中华人民共和国民法典》

第五百九十一条第一款　当事人一方违约后，对方应当采取适当措施防止损失的扩大；没有采取适当措施致使损失扩大的，不得就扩大的损失请求赔偿。

同类案例

在（2017）琼0107民初1436号案件中，海南省海口市琼山区人民法院认为：（一）关于合同是否解除问题。由于张某（卖方）拒不履行生效判决书，导致案外人申请法院强制执行，法院裁定拍卖讼争房屋，以致讼争房屋的产权无法过户至原告名下，黄某与张某签订的《房地产买卖契约》不能继续履行，合同目的无法实现……因此，原告主张解除《房地产买卖契约》具有事实和法律依据，法院予以支持。（二）关于赔偿装修费及数额问题。张某交付给黄某的讼争房屋系不具备居住使用条件的毛坯房，黄某出于居住使用的需要而对讼争房屋进行适当装修所支付的材料费39,032.54元、人工费12,000元，合计51,032.54元，并未超出合理范畴。合同解除后，黄某有权要求张某赔偿其装修损失，但由于黄某主张的材料费中含有灯具，而灯具是可以拆卸再次使用或变卖的，黄某对此不存在损失，故灯具的费用损失不应由张某承担，黄某主张的材料费应将灯具的费用828.74元予以扣除，即材料费应为38,203.8元，基于黄某至今在该房居住生活了1年半，现黄某要求张某全额赔偿装修损失不合理,法院酌情确定黄某的装修损失为按照装修费(38,203.8元+12,000元)的80%计40,163元,由于黄某在购买标的额较大的不动产时,未核实讼争房屋产权情况,未尽到合理谨慎义务,其应对损失承担30%的责任,张某出售不符合房屋过户要求的房屋导致合同不能履行,应对损失承担70%的责任,因此,张某应赔偿黄某装修费损失为28,114元,黄某主张超出部分,法院不予支持。

55. 买方明知所购房屋带有租约,后续与承租人未能达成合同解除协议的,是否可向卖方主张违约金?

裁判规则

房屋买卖合同中明确约定按现状交付(带租约出售),则买方获得房屋时,实际是对房屋存在的租赁事实及交付瑕疵事实的确认,买方必须受到租约的约束,不可向卖方主张违约金。

案号索引

广东省深圳市罗湖区人民法院(2021)粤0303民初1687号民事判决书

案情简介

2019年11月16日,刘某(买方)与林某(卖方)在乐某公司居间服务下签订了《深圳市二手房预约买卖及居间服务合同》。刘某在购买房屋时明知所购房屋存在租赁事实,仍旧与林某签订了房屋买卖合同,后因与承租人未能顺利变更租约,遂起诉要求林某支付违约金。

法院观点

广东省深圳市罗湖区人民法院认为：房屋买卖合同中明确约定按现状交付（带租约出售），则买方获得房屋时，实际是对房屋存在的租赁事实及交付瑕疵事实的确认，买方必须受到租约的约束。法院认为，本案的争议焦点在于林某是否履行了补充协议第1条约定的与租客协调租约，约定交房给刘某时，林某配合让租客与刘某签订新的租赁合同的义务。本案中，双方在涉案房屋买卖合同中明确约定了涉案房屋带有租约，林某依约将房屋交付给刘某后，刘某已经承继原租赁合同出租人的权利和义务，刘某自2020年4月起也实际接收了涉案房屋的租金。从林某提交的证据来看，林某的房屋买卖合同代理人多次与刘某、承租方就涉案房屋租约事宜进行协调磋商，但能否顺利变更租约在客观上取决于刘某及承租人的共同主观意志，非林某所能决定。因此，对于刘某要求林某支付合同违约金213万元的诉讼请求，法院不予支持。

相关规定

《中华人民共和国民法典》

第七百二十五条　租赁物在承租人按照租赁合同占有期限内发生所有权变动的，不影响租赁合同的效力。

同类案例

在（2020）苏09民终4623号案件中，江苏省盐城市中级人民法院认为：金某、周某（卖方）在出售案涉房屋前已经将房屋租赁给案外人，张某、刘某（买方）对此情况是明知的，并认可自2020年7月开始收取租金，根据上述法律规定，承租人与金某、周某的原租赁合同关系不受房屋买卖合同的影响，陈某（承租人）仍有权承租案涉房屋。双方在《存量房自行交易合同》中虽约定在2020年4月21日正式交付该房屋，并约定金某、周某逾期交付房屋，每逾期一天，按照合同总房价款的20‱支付违约金。但因该房屋在买卖时存在租赁事项，根据“买卖不破租赁”的规则，金某、周某客观上无须腾空房屋向买方交付。因此上述交房约定无法适用，而依据交房约定产生的逾期交房违约金条款亦不再适用。

56. 房屋已被出租，卖方延期交付，违约金按照租金损失计算还是按照合同约定计算逾期交房违约金？

裁判规则

在合同对逾期交房违约金有约定的情况下，卖方对已经出租的房屋延期变更租约，人民法院可以根据惩罚违约人和补偿无过错一方当事人所受损失的考虑，酌情调整违约金为租金收益损失。

案号索引

广东省深圳市福田区人民法院（2020）粤0304民初53792号民事判决书

案情简介

张某（买方）与蔡某（卖方）签订《二手房买卖合同》，约定交易一套房屋，如卖方未按合同约定的期限将该房屋交付，自约定的交付期限届满之日起至实际交付之日止，卖方应以该房屋转让总价款为基数并按每日4‱向原告支付违约金，合同继续履行。《二手房买卖合同》同时明示该房屋存在租约，原租赁合同有效期内对买方仍然有效，卖方需将承租方已交的租赁押金或者保证金及预交租金(若有)转交。买方依法支付全部购房款且涉案房屋过户后,卖方未能交付该房屋,买方遂诉至法院。

法院观点

广东省深圳市福田区人民法院认为:根据合同约定,被告逾期交房应承担每日4‰的违约金,但考虑到原告在签订合同之初已清楚涉案房屋在2022年3月31日前对外出租,每月的租金为8000元。在涉案房屋已按约过户至原告名下后,因为被告怠于将原租赁合同项下权利义务转移至原告的名下而导致原告的实际损失仅为租金收益损失。而违约金具有惩罚违约人和补偿无过错一方当事人所受损失的效果,法院酌情确定被告因迟延交付房屋而应向原告支付的违约金计算方式为以房屋转让总价款450万元为基数,按照每日1‰的标准(折合月租金13,500元)自2020年2月25日起计算至实际交付房屋之日止,暂计至2020年6月30日为46,700元(56,700元－被告实际已支付的1万元)。原告诉讼请求超出的部分,法院不予支持。

57. 卖方未及时配合办理水、电、燃气过户是否属于违约?是否应承担合同约定的延期交房违约金?

裁判规则

卖方未配合办理水、电、燃气过户,属于未履行合同主要义务,存在违约。但房屋交付需要买卖双方配合完成,若买方对此存在过错,也需承担一定责任,结合案件情况调整违约金。

案号索引

广东省深圳市宝安区人民法院(2020)粤0306民初12595号民事判决书

案情简介

林某(买方)已依约支付定金及全部购房款,履行了合同主要义务,王某(卖方)已将涉案房屋转移登记至买方名下且实际交付,但存在逾期交付且未及时配合办理水、电、燃气等附属配套设施交接手续的情况。林某遂诉至法院要求王某承担延期交房责任。

法院观点

广东省深圳市宝安区人民法院认为:王某作为负有涉案房屋交付义务的一方,未依约按时履行合同主要义务,存在过错。房屋交付需要买卖双方配合完成,林某虽然积极催告王某进行交付,但在沟通过程中使用不文明语言,在一定程度上导致双方纠纷的发生。结合本案具体情况,法院酌情调整违约金为以转让总价为基数,按照每日2‱(约定每日4‱)的标准,自2020年3月1日支付至2020年5月17日,共计66,990元。林某诉请超出认定部分,法院不予支持。

相关规定

《中华人民共和国民法典》

第五百八十五条第一款、第二款　当事人可以约定一方违约时应当根据违约情况向对方支付一定数额的违约金,也可以约定因违约产生的损失赔偿额的计算方法。

约定的违约金低于造成的损失的，人民法院或者仲裁机构可以根据当事人的请求予以增加；约定的违约金过分高于造成的损失的，人民法院或者仲裁机构可以根据当事人的请求予以适当减少。

58. 同小区房产阿里拍卖市场成交价能否作为违约金调整的依据？

裁判规则

同小区的房产拍卖成交价可以证明涉案房屋市场价值与涉案合同转让价格的大概差额，可证明买方损失数额巨大。

案号索引

广东省深圳市罗湖区人民法院（2021）粤 0303 民初 7621 号民事判决书

案情简介

2020 年 11 月 24 日，马某（买方）与蓝某（卖方）以及中介公司签订《买卖居间合同》，合同约定任何一方不履行本合同约定的义务，逾期超过 10 天的，或有其他根本违约行为致使合同目的不能实现，守约方有权选择定金罚则或要求对方支付该房屋总价款 20% 的违约金。后卖方表示不同意卖房，双方对于违约金数额无法达成一致遂诉至法院。

法院观点

广东省深圳市罗湖区人民法院认为:关于违约金数额。在蓝某违约导致合同目的无法实现的情况下,马某主张根据合同约定要求蓝某支付转让成交价20%作为违约金。蓝某认为违约金过高,但马某提交的2021年2月5日阿里拍卖详情及竞价成功确认书显示,位于涉案房屋同小区的房屋拍卖成交价为7,757,179元,成交价格可以证明涉案合同解除时的涉案房屋市场价值与涉案合同转让价格的大概差额,足以证明马某在合同解除后损失是客观存在的,且损失数额巨大。蓝某提交的同小区房屋网络出售价已载明为政府指导价,并非实际交易价格,无法证明合同约定的总房款20%的违约金过分高于马某损失,故对于蓝某该主张,法院不予采信。

相关规定

《中华人民共和国民法典》

第五百八十五条　当事人可以约定一方违约时应当根据违约情况向对方支付一定数额的违约金,也可以约定因违约产生的损失赔偿额的计算方法。

约定的违约金低于造成的损失的,人民法院或者仲裁机构可以根据当事人的请求予以增加;约定的违约金过分高于造成的损失的,人民法院或者仲裁机构可以根据当事人的请求予以适当减少。

当事人就迟延履行约定违约金的,违约方支付违约金后,还应当履行债务。

同类案例

在(2022)鲁1329民初100号案件中,山东省临沭县人民法院认为:因卖方周某、王某违反合同约定,对其给买方杨某造成的违约损失应依法赔偿。涉案房屋购买时杨某支付购房款共计1,000,000元,被拍卖时涉案房屋价值1,638,528元,杨某要求卖方赔偿拍卖价款与购房款之间的差额损失638,528元,符合合同约定和法律规定,予以支持。

59. 卖方逾期交房时,买方已经主张逾期交房违约金的,能否再主张合同约定的其他违约金?

裁判规则

卖方逾期交房时,买方已经主张逾期交房违约金的,不能再主张合同约定的其他违约金。

案号索引

广东省深圳市中级人民法院(2020)粤03民终5358号民事判决书

案情简介

张某(卖方)与姚某(买方)签订《二手房买卖合同》,约定买方购买案涉房屋、卖方按期限解除房屋已有的租赁合同并交房,除约定"如卖方未按照本合同约定的期限履行义务,买方有权要求卖方以转让成交价为基数按日4‰支付违约金并继续履行合同"外,还约定"卖方在签署本合同后,擅自与承租方另行签署租赁合同延长租期或降低租金或以其他方式损害买方利益的,或者无法按约定解除原租赁合同的,买方有权要求卖方支付转让成交价5%的违约金赔偿"。后张某未成功签订租赁解除协议延迟交房，姚某遂诉至法院，分别主张张某逾期解除租赁合同以及逾期交房的违约金。

法院观点

广东省深圳市中级人民法院认为：违约金应当以实际损失为基础，根据公平原则和诚实信用原则予以衡量。张某因逾期解除原租赁合同而导致房屋无法交付期间的占有使用利益损失，已通过日4‰逾期交房违约金予以弥补，故对于解除原租赁合同违约金不再予以支持。

相关规定

《最高人民法院关于审理商品房买卖合同纠纷案件适用法律若干问题的解释》

第十二条　当事人以约定的违约金过高为由请求减少的，应当以违约金超过造成的损失30%为标准适当减少；当事人以约定的违约金低于造成的损失为由请求增加的，应当以违约造成的损失确定违约金数额。

《北京市高级人民法院关于审理房屋买卖合同纠纷案件若干疑难问题的会议纪要》

二十二、违约金分别主张与分段主张的调整

房屋买卖合同纠纷中，出卖人以买受人主张的违约金数额过高作为抗辩的，应区分以下情形处理：

（一）出卖人存在多项违约行为，买受人分别提起诉讼主张违约金，前诉法院已经做出处理的，后诉法院应当综合考虑前后案件的具体情况、买受人的实际损失、前诉案件的赔偿数额等因素综合确定赔偿数额。

（二）买受人就出卖人的同一违约行为分段起诉主张违约金，前诉法院已经确定出卖人支付违约金，出卖人有证据证明前诉案件确定的违约金数额加上买受人在后案中主张的违约金数额过分高于其所受实际损失的，应当判决部分驳回直至全部驳回买受人的诉讼请求。

（三）买受人就出卖人的同一违约行为先后主张迟延履行违约金和解除合同违约金，前诉法院已经确定出卖人承担迟延履行违约金的，后诉法院在支持解除合同违约金时，应当扣除出卖人已经承担的迟延履行违约金的数额。

60. 卖方将房屋出售给他人构成根本违约，买方认为实际损失超过合同约定的20%违约金时，可否主张房屋最终出售给案外人价格与原合同价格差价为实际损失？

裁判规则

卖方违约将房屋另行出售的，因市场价格存在波动法院不支持将原合同房价与卖方另行出售价格的差价作为违约金金额。卖方仅应承担合同约定的总价款20%作为违约金。

案号索引

广东省深圳市中级人民法院（2020）粤03民终1647号民事判决书

案情简介

张某(卖方)与邱某、陈某(共同买方)签订《深圳市二手房买卖合同》,约定交易张某名下某一房产,卖方承担赎楼义务。合同还约定如一方违约导致合同解除,须支付总价款20%的违约金。合同签订后张某迟迟不愿履行赎楼义务,反而在约定赎楼期限届满半年后另行出售房屋。邱某、陈某遂诉至法院,并主张法院调高违约金标准至两合同转让成交价差额。

法院观点

广东省深圳市中级人民法院认为:首先,邱某、陈某并未举证证明因张某的违约所导致的邱某、陈某的损失,邱某、陈某也未提交证据证明因为无法购买涉案房产导致邱某、陈某不得不另行购买同等条件的房产所支付的对价超出本合同约定的转让成交价;其次,邱某、陈某主张损失为张某两次出售涉案房产之间的差价,但自张某违约至张某再次出售涉案房产已逾半年,自邱某、陈某与张某之间房屋买卖合同解除至张某另行与案外人签订房屋买卖合同出售涉案房产也已达3个月,其间买卖市场的交易价格存在波动,不足以证明张某违约时,邱某、陈某如需另行购买同等条件房产的价格即等同于再次出售时的价格。因此,张某应承担违约金金额为合同约定的总价款的20%,对于邱某、陈某主张的超出部分不予支持。

相关规定

《中华人民共和国民法典》

第五百八十五条　当事人可以约定一方违约时应当根据违约情况向对方支付一定数额的违约金,也可以约定因违约产生的损失赔偿额的计算方法。

约定的违约金低于造成的损失的，人民法院或者仲裁机构可以根据当事人的请求予以增加；约定的违约金过分高于造成的损失的，人民法院或者仲裁机构可以根据当事人的请求予以适当减少。

当事人就迟延履行约定违约金的，违约方支付违约金后，还应当履行债务。

61. 一房二卖，且二位买家都在不同程度实际使用房屋的，如何确定先占有方？

裁判规则

一房二卖的，先签署物业服务协议、进行装修并支付燃气费的为先占有方，先占有方有权要求后占有方返还房产并支付占有使用费，涉案房产不具备过户条件，法院也可以支持继续履行合同。

案号索引

广东省深圳市宝安区人民法院（2021）粤 0306 民初 1985 号民事判决书

案情简介

2015 年 11 月 4 日，陶某（买方）与杨某、黄某（共同卖方）签订房屋转让合同，约定陶某购买涉案房屋，杨某、黄某对陶某的欠款 150 万元可抵部分房屋转让款。2016年5月4日,第三人蔡某亦与杨某、黄某签订房屋买卖合同,约定蔡某购买同一房屋。2016年11月,蔡某签署物业规约、物业服务协议、装修管理协议并开始对房屋进行装修。2017年1月起开始通过银行托收燃气费。自2018年起,陶某又通过另案强制执行并占用了涉案房屋,现在由其使用。陶某诉至法院要求办理过户,蔡某作为第三人提起独立诉求要求确认其购房合同有效并要求原告向其退回涉案房屋、支付占用房屋使用费。

法院观点

广东省深圳市宝安区人民法院认为:涉案房屋目前因土地分宗问题暂不具备办理房地产证的条件,但第三人蔡某已提交证据证明其与涉案房屋的物业管理公司签署了前期物业管理服务协议及装修管理协议,取得装修施工许可证对涉案房屋进行装修,并于2017年1月起通过银行托收涉案房屋的燃气费,以上事实足以表明被告黄某、杨某已将涉案房屋交付给第三人蔡某,蔡某先于原告陶某占有使用涉案房屋,蔡某诉请被告黄某、杨某继续履行双方签署的房屋买卖合同,于法有据,法院予以支持。现涉案房屋系由原告陶某占有,第三人蔡某有权要求原告陶某向其返还涉案房屋并支付房屋占有使用费。但由于涉案房屋暂不具备过户条件,对其诉请被告将涉案房屋过户至其名下的主张,法院暂不予支持,可待条件成就后另行主张权利。

相关规定

《深圳市中级人民法院关于房屋买卖合同纠纷案件的裁判指引》(2014修订)

第二十六条　出卖人就同一房屋订立多重买卖合同,在买卖合同均有效的情况下，买受人均要求实际履行合同的，人民法院按照以下情形分别处理：

（一）当事人已经办理房屋权属移转登记，其他买受人请求确认支持其对该房屋享有所有权的，不予支持；

（二）当事人尚未办理权属移转登记，已先行依据合同占有房屋的买受人请求出卖人继续履行并协助办理房屋权属移转登记的，可予支持；

（三）当事人尚未办理房屋权属移转登记及转移房屋占有，支付价款时间在先的买受人请求出卖人继续履行并协助办理房屋权属移转登记的，可予支持；

（四）当事人尚未办理房屋权属移转登记及转移房屋占有，亦未支付价款的，依法成立在先合同的买受人请求出卖人履行合同义务的，可予支持。

前款情形下，买受人因未能按约取得房屋所有权，向出卖人主张承担违约责任的，人民法院可予支持。

同类案例

在（2020）粤04民终2470号案件中，广东省珠海市中级人民法院认为：商铺原产权人将作为拆迁补偿房屋抵给张某并交付其使用多年但未办理过户，后官某向原产权人购买商铺并完成变更登记，广东省珠海市中级人民法院根据多种迹象认定官某并非善意购买人，有故意抢先完成产权登记之嫌，原产权人将商铺转让给官某的行为系无权处分，过户登记不产生对抗实际所有人张某的效力。

相反案例

【裁判规则】由于卖方违约,故卖方应向买方赔偿合同履行后可以获得的利益,故法院酌定卖方按房屋差价损失90%赔付给买方。

【法院观点】在(2020)粤03民终20424号案件中,一审法院(广东省深圳市龙华区人民法院)认为:根据《中华人民共和国合同法》相关规定,该损失赔偿额应当相当于邱某因违约所造成的损失,包括合同履行后可以获得的利益。涉案合同截至2018年2月6日解除,邱某若通过履行合同享有涉案房产的所有权,则该房产价值已达724万元。故敬某、杨某应当按此额度计算邱某的损失赔偿额,但是,考虑到由于敬某、杨某违约,邱某免于支付余款248万元,自应付之日起至解约之时期间,该笔款项的孳息实际是邱某因敬某、杨某违约而获有的利益,应予扣减。由于贷款并未实际发生,该笔获有利益无法核实,一审法院酌定敬某、杨某按差额90%赔付邱某。因此,扣减已付71万元外,敬某、杨某应赔付邱某2,611,000元[(724万元-355万元)×90%-71万元]。

二审法院(广东省深圳市中级人民法院)认为:本案合同无法履行的根本原因仍在于敬某、杨某一方,邱某在敬某、杨某根本违约后另行购房的行为不影响其主张违约损失。其次,本案损失计算的截止日期是2018年2月6日,邱某另行购房是在之后的2018年5月2日,故其另行购房的升值利益与本案差价损失的计算并无关联。涉案合同如依约履行,邱某早于2015年即可取得涉案房产权利,其完全可以在2018年2月6日出售涉案房产获取差价利益后再行购房,涉案房产在2015年至2018年2月的升值利益与邱某2018年5月之后的购房获益并不冲突,邱某本可兼得,无须适用损益相抵规则。由上,邱某另行购房不影响本案以敬某、杨某的房屋转卖差价作为其损失认定的基数。

62. 买方能否以误将二手房当作新房签订房屋买卖合同为由解除合同？

裁判规则

即使买方误将二手房当作新房签订房屋买卖合同，但系自己疏忽大意、未尽到谨慎注意义务所致，其作为完全民事行为能力人，也应当对此承担相应后果，不能以此为由解除合同。

案号索引

广东省深圳市中级人民法院(2020)粤03民终21671号民事判决书

案情简介

2018年1月14日，世某公司(卖方)与朱某(买方)签订《房屋买卖合同》，约定朱某以300余万元的转让总价款购买位于深圳市某区单位，合同第3条约定在本合同签订时朱某需向世某公司支付该房地产交易定金5万元，在本合同签订后2日内(含当日)再向世某公司支付定金15万元。合同签订后，朱某通过微信支付了5万元定金，后却以将二手房误认为新房为由拒绝支付剩余定金，世某公司遂诉至法院。

法院观点

广东省深圳市中级人民法院认为：朱某上诉主张世某公司隐瞒真实情况、虚假宣传导致其将二手房当作新房进行购买，现合同目的不能实现，世某公司应双倍返还定金。法院认为，第一，朱某在购房时进行了现场勘察，对房屋的真实情况应当有清楚的认识；第二，朱某签署的《房屋买卖合同》和《价格确认书》均载明购买涉案房屋需签订《深圳市二手房买卖合同》,表明世某公司从未向朱某隐瞒涉案房屋为二手房的真实情况;第三,《房屋买卖合同》和《价格确认书》虽然为世某公司提供的格式合同,但合同条款内容清晰明确,涉案房屋的新旧程度不属于需要特别告知的内容,世某公司没有特别提示不违反法律规定;第四,房屋的销售方式并非判断新房和二手房的标准,朱某主张世某公司售卖涉案房屋的方式使其产生涉案房屋为新房的误解,理由不能成立;第五,即使朱某所述不了解涉案房屋的真实情况仓促签订合同并支付定金属实,但究其原因为朱某自己疏忽大意、未尽到谨慎注意义务所致,其作为完全民事行为能力人,应当对此承担相应后果。朱某将其仓促签署合同、支付定金归因于世某公司的过错,法院不予采纳。

相关规定

《中华人民共和国民法典》

第十八条　成年人为完全民事行为能力人,可以独立实施民事法律行为。

十六周岁以上的未成年人,以自己的劳动收入为主要生活来源的,视为完全民事行为能力人。

第四百九十六条　格式条款是当事人为了重复使用而预先拟定,并在订立合同时未与对方协商的条款。

采用格式条款订立合同的,提供格式条款的一方应当遵循公平原则确定当事人之间的权利和义务,并采取合理的方式提示对方注意免除或者减轻其责任等与对方有重大利害关系的条款,按照对方的要求,对该条款予以说明。提供格式条款的一方未履行提示或者说明义务,致使对方没有注意或者理解与其有重大利害关系的条款的，对方可以主张该条款不成为合同的内容。

《最高人民法院关于审理买卖合同纠纷案件适用法律问题的解释》(2020 修正)

第十二条　人民法院具体认定民法典第六百二十一条第二款规定的“合理期限”时，应当综合当事人之间的交易性质、交易目的、交易方式、交易习惯、标的物的种类、数量、性质、安装和使用情况、瑕疵的性质、买受人应尽的合理注意义务、检验方法和难易程度、买受人或者检验人所处的具体环境、自身技能以及其他合理因素，依据诚实信用原则进行判断。

民法典第六百二十一条第二款规定的“二年”是最长的合理期限。该期限为不变期间，不适用诉讼时效中止、中断或者延长的规定。

同类案例

在(2007)沈民(2)房终字第 1 号案件中，辽宁省沈阳市中级人民法院认为：即使曾某在原审最终选择的是撤销与杨某所签订的房屋买卖协议的诉讼请求，但曾某要求撤销合同的理由为杨某出卖的房屋系旧房而非新房，现因双方签订的《房屋买卖协议书》及《补充协议书》对房屋的新旧均无具体约定，对房龄亦无约定，而曾某认为其购买的房屋系新房的依据为黄某在《辽沈晚报》上刊登的广告(广告内容为争议房为新房)，因没有证据证明该广告的信息系杨某提供，故曾某要求撤销合同的请求，因不符合撤销条件，其此项主张，法院亦无法支持。

63. 有解除权一方以诉讼的方式请求解除房屋买卖合同时，双方合同什么时候解除？

裁判规则

有解除权一方以诉讼的方式请求解除房屋买卖合同时，双方合同以原告的起诉状副本送达被告时解除。

案号索引

广东省深圳市龙岗区人民法院(2021)粤0307民初16962号民事判决书

案情简介

2020年12月17日，经中介公司介绍，由原告周某作为买方，被告蔡某作为卖方，双方签订《二手房买卖合同》，合同备注处约定，签订本合同时该物业处于查封状态，卖方承诺在买方贷款通过后60日内处理此房查封及赎楼、办理过户手续，产生的费用由卖方负担。合同签订之后，双方当事人于2020年12月30日与中国银行深圳坪地支行签订《二手楼交易资金委托监管协议》，办理了资金托管，中国银行深圳坪地支行出具《个人贷款承诺函》，向周某审批的贷款额度为130万元。但蔡某未能按合同约定办理房屋的解封及赎楼手续，周某遂向法院起诉请求解除合同、返还定金并支付违约金。

法院观点

广东省深圳市龙岗区人民法院认为：周某直接以诉讼方式向被告提

出解除合同,合同自周某变更请求后的诉状副本送达蔡某时解除,根据本案的送达情形,案涉合同解除时间为2021年8月12日。

相关规定

《中华人民共和国民法典》

第五百六十五条　当事人一方依法主张解除合同的,应当通知对方。合同自通知到达对方时解除;通知载明债务人在一定期限内不履行债务则合同自动解除,债务人在该期限内未履行债务的,合同自通知载明的期限届满时解除。对方对解除合同有异议的,任何一方当事人均可以请求人民法院或者仲裁机构确认解除行为的效力。

当事人一方未通知对方,直接以提起诉讼或者申请仲裁的方式依法主张解除合同,人民法院或者仲裁机构确认该主张的,合同自起诉状副本或者仲裁申请书副本送达对方时解除。

同类案例

在(2018)粤0306民初13262号案件中,广东省深圳市宝安区人民法院认为:按照法律规定,当事人依照法律规定解除合同的,应当通知对方,合同自通知到达对方之日起解除,故涉案合同于本案起诉状副本送达被告之日即2018年6月9日解除。

64. 合同涉及多方主体,行使单方解除权时通知存在遗漏,该如何确定房屋买卖合同解除时间?

裁判规则

收到解除函的一方没有代为转交合同解除通知的义务,应当以最后一方当事人收到合同解除的通知作为房屋买卖合同的解除时间。

案号索引

最高人民法院(2018)最高法民终797号民事判决书

案情简介

2016年8月10日,赣州银行(买方)与九江银行(债权人)、嘉信公司(卖方)签订《三方协议》,该协议约定:甲方嘉信公司,乙方赣州银行,丙方九江银行;甲方出卖嘉信国际公馆给乙方,总价款11,000万元;甲方将该整体建筑项目抵押给丙方,丙方为债权人;甲方对该商品房享有合法权利,丙方作为实质抵押权人和实质信托收益权人为乙方就该商品房最终的购买合同和本协议进行担保兜底,确保乙方能在购买商品房之后获得相关产权证件,丙方有责任和义务敦促甲方进行房屋交付。九江银行于2016年12月29日向赣州银行发函表示因供电设计变更及相关部门验收的不确定造成了交房延误。2017年4月,针对逾期问题,嘉信公司(甲方)、赣州银行(乙方)、九江银行(丙方)经协商达成《补充协议》。协议签订后嘉信公司、九江银行没有在约定时间内对嘉信国际公馆竣工验收并交付给赣州银行。为此赣州银行于2017年6月21日向九江银行发出了解除《三方协议》及其《补充协议》的函,并请九江银行代为向嘉信公司转达,而未向嘉信公司发送该解除函,双方后续对合同解除时间产生了争议。

法院观点

最高人民法院认为:首先,在合同履行过程中,九江银行、嘉信公司未能如期按照《三方协议》约定的时限交房、办理过户,经三方协商一致重新约定了《三方协议》中竣工验收交付时间、产权过户时间、进场装修时间等相关事宜,达成了《补充协议》亦是当事人意思表示一致的结果,是有效合同。其次,《三方协议》及《补充协议》约定了赣州银行的单方解除权。《补充协议》第 5 条约定了非因赣州银行原因导致无法按照《补充协议》完成验收、交付、办证等事项的,赣州银行可单方解除合同。由于九江银行、嘉信公司未能在《补充协议》约定的 2017 年 5 月 30 日前完成竣工验收,同年 10 月 30 日办理好房产证和房屋过户,且至今未提供向赣州银行开具增值税专用发票等证据,致使赣州银行购房用于开业经营的合同目的不能实现,构成违约。合同约定的赣州银行单方解除权的条件成就。九江银行认为根据《最高人民法院关于审理商品房买卖合同纠纷案件适用法律若干问题的解释》第 15 条的规定,出卖人迟延交付房屋,经催告后在 3 个月的合理期限内出卖人仍未履行合同的才得行使合同解除权。因此,《三方协议》及《补充协议》并未解除。然而,"催告后三个月的合理期限"是基于法定解除权而言。根据《中华人民共和国合同法》第 96 条①的规定,约定单方解除权时,当事人只要履行了通知义务即可解除合同。本案中,合同涉及三方当事人,应当以最后一方当事人收到合同解除的通知作为合同的解除时间。因九江银行没有代为转交合同解除通知的义务,因此九江银行的收到时间不能作为合同解除的时间。赣州银行于 2017 年 9 月 4 日起诉解除合同,该时间应当被视

① 已失效,对应《中华人民共和国民法典》第 565 条。

为通知嘉信公司合同解除。因此,案涉合同应于 2017 年 9 月 4 日起解除。

相关规定

《中华人民共和国民法典》

第五百六十五条　当事人一方依法主张解除合同的,应当通知对方。合同自通知到达对方时解除;通知载明债务人在一定期限内不履行债务则合同自动解除,债务人在该期限内未履行债务的,合同自通知载明的期限届满时解除。对方对解除合同有异议的,任何一方当事人均可以请求人民法院或者仲裁机构确认解除行为的效力。

当事人一方未通知对方,直接以提起诉讼或者申请仲裁的方式依法主张解除合同,人民法院或者仲裁机构确认该主张的,合同自起诉状副本或者仲裁申请书副本送达对方时解除。

65. 一方在协商过程中回复"谢谢",能否视为对对方退还购房定金的请求作出同意?

裁判规则

一方在协商过程中回复"谢谢",并不能当然视为对对方退还购房定金的请求作出同意,具体要结合谈话语境、谈话内容及谈话情绪作整体判断。

案号索引

广东省深圳市中级人民法院(2021)粤03民终26355号民事判决书

案情简介

2020年1月9日,秦某(买方)与何某(卖方)签订了《深圳市二手房预约买卖及居间服务合同》,约定何某将某房产作价528万元出售给秦某,并且秦某应于2022年2月22日前办理完毕抵押贷款手续。秦某因原有房产受疫情影响未能及时出售,未能如期于2020年2月22日完备申请抵押贷款的资料。双方在微信上进行以下协商:2020年2月18日,何某提出要求:"考虑到疫情的原因,我们先在这个时间的基础上延后2周到2020年3月5日。你同意吗?"秦某未正面回复。何某再次要求确认"将合同延长至2020年3月12日",秦某仍未正面回复。当日,何某称"我约了评估公司的人周五作房产评估,后面银行就可以给你放贷了吧"。秦某回复"我还差一个无房证明。我离婚未满2年……我到3月5日就满2年了"。2020年3月15日,何某向秦某征询:"我现在征询你的意见,我们解除合同"。秦某表示"决定权在你手上……非常理解你的处境"。秦某未作正面答复,何某直接回复"既然你同意,我们就解除合同吧"。秦某回复"耽误你这么久我真的很抱歉"。此后双方就定金退还比例进行协商,最终未能达成一致,何某要求没收4万元,退还6万元,秦某要求退还8万元。当日,何某归结答复"行了,那我们沟通好了,之前签订的合同作废,我出于对你境遇的充分理解同意退还你定金6万元整"。秦某回复"谢谢"。后秦某向一审法院起诉请求何某继续履行《深圳市二手房预约买卖及居间服务合同》,办理赎楼及相关手续,在诉讼过程中双方对是否就退还定金达成一致产生争议。

法院观点

广东省深圳市中级人民法院认为：关于双方当事人是否已就定金处理达成合意。双方微信聊天记录显示，2020 年 3 月 15 日，何某与秦某协商一致解除合同。何某主张双方同时就定金返还事项达成一致，秦某不予认可。经查，2020 年 3 月 15 日，双方协商定金返还事项过程中，何某最后归结答复“我出于对你境遇的充分理解同意退还你定金 6 万元整”，秦某回复“谢谢”。可见，对于何某提出的定金返还金额，秦某并未作出同意与否的明确意思表示，不能认定双方已就定金处理达成合意。

相关规定

《中华人民共和国民法典》

第一百三十七条　以对话方式作出的意思表示，相对人知道其内容时生效。

以非对话方式作出的意思表示，到达相对人时生效。以非对话方式作出的采用数据电文形式的意思表示，相对人指定特定系统接收数据电文的，该数据电文进入该特定系统时生效；未指定特定系统的，相对人知道或者应当知道该数据电文进入其系统时生效。当事人对采用数据电文形式的意思表示的生效时间另有约定的，按照其约定。

第一百三十八条　无相对人的意思表示，表示完成时生效。法律另有规定的，依照其规定。

同类案例

在（2020）粤民申 11955 号案件中，广东省高级人民法院认为：另案中，钟某提供的尹某与双某在麦田咖啡厅的谈话录音及文字记录已被作为证据固定并作为生效判决认定事实的依据，根据录音文字记录，尹某在咖啡厅并未与双某达成解除合同的一致意见，尹某亦未作出解除合同的单方意思表示。至于尹某在咖啡厅谈话中“不卖就不卖我也无所谓”的语句，应结合谈话语境、谈话内容及尹某的谈话情绪作整体解读，不能作尹某已明示解除合同的片面理解。二审法院结合双某在咖啡厅谈话后至另案起诉前长达几年间未向尹某退还已收房款的事实，对双某主张双方已在咖啡厅一致同意解除合同的意见不予支持，处理并无不当。

66. 在微信上对交房时间协商变更一致，是否视为对合同约定的变更？

裁判规则

微信聊天记录足以证明双方对交房时间协商变更达成一致，应视为合同已经变更。

案号索引

广东省深圳市罗湖区人民法院（2021）粤 0303 民初 27694 号民事判决书

案情简介

原、被告签订《房屋买卖合同》约定交易一套房屋。双方聊天记录显示在原告（买方）支付房款后，原告与被告就交房事宜进行沟通，并就具体交房时间达成一致。原告后又认为其变更交房时间为被迫，遂诉至法院要求被告承担违约责任。

法院观点

广东省深圳市罗湖区人民法院认为：依据双方的聊天记录及原告庭审时陈述，就交房事宜，双方有过沟通协商，且对交房时间为 2021 年 6 月 9 日已经达成一致。原告主张其被迫答应，系其在沟通时对被告交房时间需变动的体谅，并不是法律意义上的被胁迫，应视为双方对合同交房时间变更达成一致。

相关规定

《中华人民共和国民法典》

第五百四十三条　当事人协商一致，可以变更合同。

《最高人民法院关于民事诉讼证据的若干规定》

第八十六条　当事人对于欺诈、胁迫、恶意串通事实的证明，以及对于口头遗嘱或赠与事实的证明，人民法院确信该待证事实存在的可能性能够排除合理怀疑的，应当认定该事实存在。

与诉讼保全、回避等程序事项有关的事实，人民法院结合当事人的说明及相关证据，认为有关事实存在的可能性较大的，可以认定该事实存在。

同类案例

在(2020)粤 0306 民初 13259 号案件中，广东省深圳市宝安区人民法院认为：双方在微信聊天记录中达成的合意可以认定双方房屋买卖合同已经解除，尽管当事人一方抗辩未达成一致，但宝安区人民法院经审查后认为协商内容对解除合同的意思是明确的，原告仅是对没收定金的比例表达异议。

67. 法院判决继续履行房屋买卖合同后买方拒不付款，卖方能否再次起诉并请求解除合同？

裁判规则

法院判决房屋买卖合同继续履行后，买方经卖方多次催告仍不付款的，买方构成根本违约，卖方享有法定解除权，可以再次起诉请求解除合同。

案号索引

最高人民法院(2019)最高法民终595号民事判决书

案情简介

2008年3月24日，中广核公司(甲方，卖方)与张某(乙方，买方)签订了《江西省产权交易合同》，合同第1条约定，甲方将所拥有(持有)的东湖区8号整栋建筑面积为8200平方米的房屋有偿转让给乙方。张某于2008年6月19日按约支付了首期款835万元。之后张某认为中广核公司交付的房屋面积与房产证不符，向中广核公司交涉，未果，因此未按约支付剩余购房款。中广核公司提起诉讼要求得到剩余购房款，2015年7月10日江西省高级人民法院作出(2013)赣民再字第10号判决，《江西省产权交易合同》继续履行，张某支付中广核公司剩余房款19,460,300元。但截至2016年11月，中广核公司仅执行到账款300万元。2016年12月26日，中广核公司向江西省南昌市中级人民法院(以下简称南昌中院)起诉要求解除《江西省产权交易合同》。

法院观点

最高人民法院认为:关于合同应否解除的问题。一审法院于2017年12月15日作出的(2017)赣民终557号民事裁定书已查明:“2015年7月10日该院再审判决生效后,张某未主动履行义务,中广核公司向南昌中院申请强制执行,仅执行到账款300万元,2016年11月9日南昌中院向中广核公司发出《财产调查告知函》证实,张某目前无财产可供执行。中广核公司多次向张某送达要求尽快履行义务的通知书,并于2016年12月22日向张某发出《解约函》。”裁定书认为这些均属于再审判决之后新的事实,中广核公司据此再次提起诉讼,法院依法应予审理。

关于再审判决合同有效继续履行后,中广核公司能否再请求解除合同的问题。本案现已查明的事实表明,再审判决生效后,张某并未主动履行合同义务,中广核公司2015年9月23日向南昌中院申请强制执行,南昌中院于2015年10月23日向张某发出《执行通知》,要求张某自本通知之日起3日内履行向中广核公司支付欠款人民币2502.236万元、利息及执行费92,422.36元的义务,但至2016年11月仅执行到账款300万元。而中广核公司于2015年9月22日、2016年5月30日以及2016年11月8日多次催告张某履行支付剩余购房款等合同义务并已给予张某合理的履行期限,张某仍未履行前述合同义务。2016年11月9日,南昌中院向中广核公司发出《财产调查告知函》,证实张某目前无财产可供执行。在此情形下,中广核公司于2016年11月30日向南昌中院提交了《关于请求终止执行张某执行案件的申请》,并于2016年12月22日向张某发出《解约函》,明确告之于2016年12月26日解除合同,且中广核公司同日向南昌中院起诉要求解除案涉合同。本案现有证据证实张某并无继续履行合同的能力……根据本案具体案情,法院认定,再审判决生效后,张某一直拒不履行合同约定的付款义务,其行为已经构成根本违约,中广核公司无法通过合同履行实现合同目的。《中华人民共和国合同法》第94条[①]第3项规定，当事人一方迟延履行主要债务，经催告后在合理期限内仍未履行的，当事人可以解除合同。《解约函》于2016年12月26日到达张某且中广核公司亦于同日向法院提起相应诉请，故案涉合同于2016年12月26日予以解除。

相关规定

《中华人民共和国民法典》

第五百六十三条　有下列情形之一的，当事人可以解除合同：

（一）因不可抗力致使不能实现合同目的；

（二）在履行期限届满前，当事人一方明确表示或者以自己的行为表明不履行主要债务；

（三）当事人一方迟延履行主要债务，经催告后在合理期限内仍未履行；

（四）当事人一方迟延履行债务或者有其他违约行为致使不能实现合同目的；

（五）法律规定的其他情形。

以持续履行的债务为内容的不定期合同，当事人可以随时解除合同，但是应当在合理期限之前通知对方。

相反案例

【裁判规则】法院判决房屋买卖合同继续履行后，买方拒不履行，卖方申请强制执行后仍未履行的，属于执行不能。由于不存在新的事实，

① 已失效，对应《中华人民共和国民法典》第563条。

卖方不能再次起诉,可以通过其他方式,实现其权利。

【法院观点】在(2018)渝0106民初21173号案件中,重庆市沙坪坝区人民法院认为:本案属于重复起诉,不可以再次提起诉讼。富力公司在本案的诉讼请求是要求解除其与李某签订的《重庆市商品房买卖合同》。富力公司在(2017)渝0106民初12074号案件中的诉讼请求是要求李某支付购房尾款1,068,648元,法院已经作出判决,支持了富力公司要求李某支付尾款的诉讼请求,该民事判决已经发生法律效力。现富力公司提起的本案诉讼,法院认为属于重复起诉,理由是:(1)本案与12074号案件的当事人相同。(2)根据富力公司与李某签订的《重庆市商品房买卖合同》第10条约定,李某如未按本合同规定的时间付款……应按日向富力公司支付应付款5‰的违约金。逾期超过60日后,原告有权解除合同。富力公司在12074号案件中,起诉要求李某支付剩余购房款和违约金,其实质是依据商品房买卖合同的约定,选择继续履行合同,放弃了合同约定的解除权。解除权既已放弃,并经法院作出裁判,富力公司不能再继续行使。12074号民事判决生效后,富力公司提起本案诉讼,本案的诉讼请求实质上否定了(2017)渝0106民初12074号案件的裁判结果。如本案作出判决,会导致后判否定前判、产生前后两个截然相反的裁判,损害司法公信力,也损害李某的合法权益。(3)在12074号民事判决作出后,李某未主动履行,富力公司数次通过向人民法院申请强制执行也未能执行到位,属于执行不能,而非客观不能。因为李某作为被执行人,其诉讼主体并未消亡,本案的标的物即案涉房屋尚在,富力公司可以通过其他方式,实现其权利。因此,通过人民法院强制执行仍不能实现合同目的,不属于“新的事实”。富力公司不能以此为理由,再次提起诉讼。

相关规定

《最高人民法院关于适用〈中华人民共和国民事诉讼法〉的解释》

第二百四十七条第一款　当事人就已经提起诉讼的事项在诉讼过程中或者裁判生效后再次起诉，同时符合下列条件的，构成重复起诉：(一)后诉与前诉的当事人相同；(二)后诉与前诉的诉讼标的相同；(三)后诉与前诉的诉讼请求相同，或者后诉的诉讼请求实质上否定前诉裁判结果。

68. 既签订买卖合同又签订租赁合同，后买卖合同无法继续履行，卖方能否要求买方支付占有使用费？

裁判规则

虽已认定双方存在房屋买卖合同关系，但鉴于房屋已被法院查封，可能导致房屋买卖合同无法履行。因租赁合同签订在房屋买卖合同之后，当其内容与房屋买卖合同有矛盾时，应当以后一份租赁合同内容为准。故买方应按照实际使用时间，以租赁合同约定为准来支付占有使用费。

案号索引

广东省深圳市中级人民法院(2019)粤03民终22758号民事判决书

案情简介

2017年1月24日，德某公司（卖方）与彭某（买方）签订《鸿昌广场房屋买卖合同》，约定，卖方将涉案的鸿昌广场4001号、4002号、4003号、4004号房屋出售给买方。其后，德某公司将该房屋交付彭某，彭某亦向德某公司支付定金人民币1,500,000元。彭某进场装修后使用了该房屋。2017年2月1日，德某公司与彭某签订《租赁合同书》，但德某公司没有提交其收取过彭某租金、押金的任何证据材料。彭某称签订上述租赁合同是为了德某公司配合彭某向物业公司装修备案而制作的，双方之间不存在租赁合同关系。德某公司一审起诉请求：(1)确认双方签订的房屋买卖合同无效；(2)彭某赔偿德某公司房屋租金损失人民币687,000.00元（每月租金73,000元，按照20个月计算，抵减70万元装修费用，实际损失人民币687,000.00元）。

法院观点

一审法院认为：德某公司与彭某签订的《鸿昌广场房屋买卖合同》是德某公司和彭某的真实意思表示，不违反法律、法规的强制性规定，合法有效。根据缔约即遵守的原则，德某公司、彭某均应自觉履约。上述合同生效后，德某公司将涉案房屋交付彭某使用，彭某依约向德某公司支付了定金，并进场装修后使用了该房屋；德某公司、彭某之间是房地产买卖合同关系，而非德某公司主张的房屋租赁合同关系，并且德某公司、彭某双方实际履行了合同的主要义务，德某公司也没有提供其他证据证明在双方发生纠纷之前对该买卖合同的内容或履行问题存在争议；德某公司称彭某以合法形式掩盖非法目的，但德某公司提供的证据无法证明自己的主张，彭某依据双方签订的《鸿昌广场房屋买卖合同》，向法院提起案外人执行异议及案外人执行异议之诉，只是在行使自己的权利，并未违反相关的法律规定，并无不当；德某公司称双方之间为租赁关系，但德某公司并没有提交其收取过彭某租金、押金的任何证据材料，也没有提交其向彭某催收过租金或押金的证据材料，因此德某公司提供的证据无法形成证据链，无法证明德某公司的主张，故德某公司的全部诉讼请求，缺乏事实和法律依据，一审法院不予支持。

二审法院认为：涉案房屋买卖合同及租赁合同的效力问题。首先，涉案房屋买卖合同是双方当事人的真实意思表示，德某公司并无证据证明涉案合同符合《中华人民共和国合同法》第 52 条[①]规定的无效情形。其次，德某公司主张彭某明知涉案房屋属于被轮候查封，仍然购买，动机不纯问题，法院认为，双方在签订合同时均明知涉案房屋的状态，仍自愿签订买卖合同，并不违反法律强制性规定，德某公司以此为由主张合同无效，没有法律依据，法院不予采信。故法院认定涉案房屋买卖合同合法有效。关于租赁合同的效力问题，法院虽已认定双方存在房屋买卖合同关系，但鉴于双方对于涉案房屋存在法院查封的情形均知情，对于可能导致房屋买卖合同无法履行均有预期，因此在房屋产权尚未过户之前，双方签订的租赁合同与房屋买卖合同并不矛盾，不违反法律规定，法院依法认定两份房屋租赁合同合法有效。彭某主张是为装修备案而签订的租赁合同，并无证据证明，法院不予采信。因租赁合同签订在房屋买卖合同之后，当其内容与房屋买卖合同有矛盾时，应当以后一份合同内容为准。故对于涉案房屋租金标准，法院以租赁合同约定为准。关于租金应支付的期限问题。彭某一审时确认其 2018 年 11 月 12 日迁出涉案房屋，表明其使用涉案房屋至少有 22 个月。依据广东省深圳市福田区人民法院（2017）粤 0304 执恢 1149 号之三《执行裁定书》记载，涉案房屋中的 4001 号、4002 号、4003 号房屋，已于 2018 年 8 月 31 日通过拍卖，由案外人苏某取得所有权，德某公司就该 3 套房屋主张 19 个月的租金，有事实依据，法院予以支持，彭某应向德某公司支付上述 3 套房屋的租

① 已失效，参见《中华人民共和国民法典》关于民事行为无效的相关规定。

金为 1,045,000 元(55,000 元 × 19)。而 4004 号房屋拍卖时间在此之后,德某公司也主张 19 个月的租金,属于对自身民事权利的放弃,法院予以确认……核算出 4004 号房屋的租金为 342,000 元(18,000 元 × 19),扣除德某公司在起诉时已认可的装修补偿费 700,000 元,彭某应向德某公司支付租金 687,000 元(1,045,000 元 + 342,000 元 − 700,000 元)。

相关规定

《中华人民共和国民法典》

第一百五十三条　违反法律、行政法规的强制性规定的民事法律行为无效。但是,该强制性规定不导致该民事法律行为无效的除外。

违背公序良俗的民事法律行为无效。

69. 卖方拆除别墅违规重建后被行政部门责令拆除,买方购买该房产后能否办理过户手续?

裁判规则

卖方拆除别墅违规重建后被行政部门责令拆除,买方将房产恢复至产权登记状态原样时,可以办理过户手续。

案号索引

广东省深圳市中级人民法院(2020)粤 03 民再 41 号民事判决书

案情简介

2013年12月13日，深圳市罗湖区规划土地监察局向李某发出《行政处罚告知书》(0001286)，载明："经查，你在怡景花园J径3号在未取得建设工程规划许可证情况下擅自进行别墅拆旧建新的行为违反了《中华人民共和国城乡规划法》第四十条的规定……本局拟对你作出责令停止建设，限期拆除建筑物的行政处罚。"

2015年9月16日，陈某(乙方，买受人)与李某(甲方，出卖人)、永某公司(丙方)签订《二手房买卖合同书》，约定：鉴于甲方是深圳市罗湖区房产的业主，甲方于2015年4月将该房屋作为抵押为松岗东方公司与丙方的合作提供担保，乙方愿意购买甲方上述房屋并知悉该房屋已抵押给丙方的事实。买方陈某对别墅违规拆旧建新不知情，合同签订后履行了付款义务。由于拆除重建后涉嫌违建无法过户，陈某诉至法院要求过户，庭审中，陈某明确表示其同意按现状接受房屋，并自愿承担按照建设工程规划要求恢复房屋原状的义务及费用。

法院观点

广东省深圳市中级人民法院认为：李某(卖方)与陈某(买方)所签的《二手房买卖合同书》约定的标的物与不动产登记簿记载的内容一致。该不动产登记簿记载的内容具有公示、公信效力，陈某作为买受人的信赖利益应受保护。虽然涉案房屋被行政机关责令拆除，买卖合同的履行可能存在障碍，但根据我国物权法区分原则，转让不动产的合同，除法律另有规定或合同另有约定外，自合同成立时生效，未办理物权登记，不影响合同效力。因此，不能因涉案房屋过户存在障碍就否认买卖合同的有效性。双方就涉案房屋所签订的买卖合同，不具备《中华人民共和国合同法》第52条①规定的无效情形，应属有效……虽然涉案房屋存在擅自进行建设的行为，但涉案房屋本已取得不动产登记证书，且买卖合同约定的标的物与不动产登记证书记载的内容一致。该不动产登记证书记载的内容具有公示、公信效力，陈某作为买受人的信赖利益应当予以保护。李某作为卖方，在明知涉案房屋存在擅自进行建设的情形下仍将涉案房屋出售给陈某，后又以涉案房屋系违法建筑为由，主张合同无效，有违民法基本的诚实信用原则，故法院再审对李某的上述主张不予采纳。最终，法院判决合同有效，卖方应于买方将罗湖区怡景路某3号房恢复至产权登记状态且具备所有权过户条件后10日内协助买方办理上述房屋的产权转移登记手续。

相关规定

《中华人民共和国民法典》

第一百五十三条　违反法律、行政法规的强制性规定的民事法律行为无效。但是，该强制性规定不导致该民事法律行为无效的除外。

违背公序良俗的民事法律行为无效。

同类案例

在(2021)豫15民终2649号案件中，河南省信阳市中级人民法院认为：双方当时签订合同的时间是2013年2月19日，现该案涉房屋已经纳入拆迁范围，时过境迁，在房价已今非昔比的情况下，上诉人诉请合同

① 已失效，对应《中华人民共和国民法典》第144条、第146条、第153条、第154条、第155条，下同。

无效、返还房屋，不仅违背了双方签订合同的初衷，也损害了被上诉人的权益。合同无效设立的目的在于避免给国家、社会及第三人利益造成损失，维护法治秩序和公共道德。上诉人诉请合同无效，不仅违反诚实信用原则，也不利于民事法律关系和市场交易秩序的稳定，不能为追求自身利益的最大化而置他人的利益于不顾。故一审判决认定双方签订的《房屋买卖合同》有效并无不当，法院驳回了出卖人关于集体土地房屋买卖合同无效的诉请。

70. 无购房资格的买方签署的《房屋代持协议》是否有效？

裁判规则

为规避国家限购政策签订的《房屋代持协议》因违背公序良俗而应认定无效。

案号索引

最高人民法院(2020)最高法民再328号民事判决书

案情简介

2012年12月20日，徐某与曾某签订《房屋代持协议》，约定：案涉房屋所有权、使用权、收益权、处分权等一切权利均属于徐某；徐某以曾某名义签订案涉购房合同及其他相关配套法律文件，交房时案涉房屋的房产证、土地使用证登记在曾某名下；曾某仅代替徐某持有房屋，并不享有任何权利，未经徐某书面同意，曾某不得单方处分房屋。2016年10月17日，法院根据中深公司的强制执行申请，查封了登记在曾某名下的案涉房屋。2017年4月11日,徐某向一审法院提出案外人执行异议,一审法院驳回徐某的执行异议。

法院观点

最高人民法院认为:关于案涉房屋过户前徐某(买方,出资人)能否依据规避国家限购政策的借名买房合同关系成为房屋所有权人并排除执行。徐某在当时已有两套住房的情况下仍借曾某(出名人)之名另行买房,目的在于规避国务院和北京市的限购政策,通过投机性购房获取额外不当利益。司法对于此种行为如不加限制而任其泛滥,则无异于纵容不合理住房需求和投机性购房快速增长,鼓励不诚信的当事人通过规避国家政策红线获取不当利益,不但与司法维护社会诚信和公平正义的职责不符,而且势必导致国家房地产宏观调控政策落空,阻碍国家宏观经济政策落实,影响经济社会协调发展,损害社会公共利益和社会秩序。故徐某与曾某为规避国家限购政策签订的《房屋代持协议》因违背公序良俗而应认定无效,徐某依据规避国家限购政策的借名买房合同关系,不能排除对案涉房屋的执行。

相关规定

《中华人民共和国民法典》

第一百五十三条　违反法律、行政法规的强制性规定的民事法律行为无效。但是,该强制性规定不导致该民事法律行为无效的除外。

违背公序良俗的民事法律行为无效。

《最高人民法院关于人民法院办理执行异议和复议案件若干问题的规定》

第二十四条 对案外人提出的排除执行异议,人民法院应当审查下列内容:

(一)案外人是否系权利人;

(二)该权利的合法性与真实性;

(三)该权利能否排除执行。

同类案例

在(2021)鲁14民终384号案件中,山东省德州市中级人民法院认为:双方争议的焦点问题是,上诉人对青岛市某房屋是否享有排除强制执行的权利……即使上诉人与丁某菲之间顶名购房协议是真实的,也因规避国家限购政策、违背公共管理秩序,该顶名购房协议应认定无效,不能排除强制执行……故上诉人一审、二审提交的证据不能证明其对涉案房屋享有足以排除强制执行的民事权益。

71. 借名买房,实际出资人能否要求登记权利人过户给自己?

裁判规则

借名买房中,实际购房人(出资人)请求确认房屋所有权的无法得到支持,但可以请求名义代持人配合协助办理涉案房屋所有权转移登记手续。

案号索引

广东省深圳市宝安区人民法院(2020)粤0306民初12506号民事判决书

案情简介

涉案房屋登记在张某名下,但实际由肖某(出资人)出资90%、由张某(出名人)出资10%和出名取得。现房屋存在抵押债务,周某(买方)向张某(卖方,出名人)以4300万元价格购买涉案房屋。周某根据张某、肖某的指示向抵押债权人账户转账3756万元购房款。后因合同履行发生争议诉至法院。

法院观点

广东省深圳市宝安区人民法院认为:涉案房屋涉及肖某(90%实际出资人)的权益,肖某与张某(名义代持人)之间存在合伙购房和借名持有房屋的法律关系。参照广东省高级人民法院的相关规定,借他人名义购买房屋,借名人请求确认房屋归其所有的,不予支持;借名人请求出名人协助办理房屋所有权转登记的,可予支持。据此,肖某对涉案房屋仅享有要求张某办理90%产权的过户手续的债权,并未享有涉案房屋的所有权。根据不动产公示制度,张某为涉案房屋的权属登记人,享有所有权,包括处分权。

相关规定

《广东省高级人民法院关于审理房屋买卖合同纠纷案件的指引》

二十二、借他人名义购买房屋,借名人请求确认房屋归其所有的，不予支持。借名人请求出名人（登记权利人）按照约定协助办理不动产转移登记的，可予支持，但借名人不具有购房资格的除外。

出名人将房屋出卖给第三人，借名人以无权处分为由主张返还房屋的，不予支持。

同类案例

在（2018）粤0802民初1955号案件中，广东省湛江市赤坎区人民法院认为：被告以其名义与原告签订房屋购销合同，购买位于湛江市××房，实际上由原告支付房款，并一直由原告居住使用，双方对该事实均无异议，故法院予以确认。因此，原告应为涉案房屋实际买房人。原告请求确认位于湛江市××房归其所有缺乏法律依据，法院不予支持。原告请求被告协助其办理涉案房屋所有权转移登记符合法律规定，且被告亦无异议，故法院对该项请求予以支持。

72. 无购房资格的人与有购房资格的人签署的合伙购房协议是否有效？

裁判规则

无购房资格的人与有购房资格的人约定共同出资购房的合伙购房协议不违反法律的强制性规定，合法有效。

案号索引

广东省深圳市宝安区人民法院(2020)粤0306民初13483号民事判决书

案情简介

广东省深圳市宝安区西乡街道某大厦B座2709(以下简称案涉房屋)由原告郑某与被告项某合伙购买,双方出资均为50%,先前该房屋登记在张某名下。2015年10月18日,三人共同出具《房产说明》,内容为该房屋的所有权、使用权及以后收取租金等权利均归郑某与项某所有。2016年9月19日,案涉房屋登记权利人由张某变更为被告林某。2016年9月26日,原告与二被告签署《房产说明》,确认该房屋的所有权、使用权及以后收取租金、出售等权利均归郑某与项某所有(各占50%),被告林某可在房屋交易后获得所得利润的5%作为补偿费用。现原告诉请:(1)判令原告退出与二被告的合伙;(2)判令二被告共同支付原告合伙购房出资款及溢价共计1,127,543万元(暂以起诉日2020年4月22日的房产市场估值计算,最终以实际支付时市场实际成交价为准)。

法院观点

广东省深圳市宝安区人民法院认为:原告郑某与被告项某共同出资购买案涉房屋,并将案涉房屋登记在被告林某名下,并约定林某在案涉房屋转让后分得收益的5%,表明原告与二被告系合伙关系,三方签署的《房产说明》为合伙协议。该协议系各方当事人的真实意思表示,不违反法律的强制性规定,合法有效,各方均应按约履行各自的义务。庭审中,二被告同意解除合伙关系,故原告主张退出合伙,法院予以确认。退伙后,应当按照合伙协议对合伙财产进行分割。

相关规定

《中华人民共和国民法典》

第二百九十七条　不动产或者动产可以由两个以上组织、个人共有。共有包括按份共有和共同共有。

同类案例

在(2019)粤0305民初27464号案件中,广东省深圳市南山区人民法院认为:原告徐某、张某,被告李某,第三人白某及案外人马某共同签订的《共同购房协议》和原告徐某、张某,第三人白某及案外人马某共同签订的《共同购房协议之补充协议》系各方当事人的真实意思表示,未违反法律、行政法规的强制性规定,合法有效。本案中,虽然涉案房屋登记在被告李某名下,但结合两原告提交的《共同购房协议》、《共同购房协议之补充协议》、转账凭证、银行流水等相关证据,以及各到庭当事人于庭审上的陈述,法院可推定原告徐某、张某,第三人白某与被告李某之间存在借名买房的法律关系,原告徐某、张某及第三人白某系涉案房屋的共同出资人。两原告自称目前不具备购房资格,且房屋存在查封情况,不具备出售条件,故诉请被告(借名人)返还购房款及契税等购房费用,有事实和法律依据,法院予以支持。

73. 买方没有及时要求卖方将房屋变更登记在自己名下，后房屋被查封，买方能否享有排除强制执行的权利？

裁判规则

买方已实际支付案涉房屋绝大部分房款，一直占有使用至今，且案涉房屋是买方唯一住房，相较于普通债权保护而言，对买方享有案涉房屋的权利予以优先保护，符合法律保障生存权、居住权的精神，更具有正当性和合理性，买方享有排除强制执行的权利。

案号索引

最高人民法院(2020)最高法民再233号民事判决书

案情简介

2011年1月14日，袁某(买方)与吴某(卖方)签订《预约合同》，约定吴某将其按揭购买的案涉房屋出售给袁某，袁某向吴某支付161,100元购房款，以后按月支付银行的按揭款。袁某、邓某自2010年5月起装修所购房屋，并占有使用至今。2015年3月，在袁某、邓某的离婚诉讼中，南部县人民法院作出1372号民事调解书，该调解书第三项载明：夫妻双方购买的位于四川省成都市武侯区按揭住房一套归邓某所有；办理离婚手续后该房屋的按揭款由邓某偿还。2015年5月18日，天府银行基于吴某应当履行保证责任而享有的保证债权查封了案涉房屋，后债权人天府银行要求强制执行该房屋。

法院观点

一审法院认为：袁某、邓某在法院查封前，已经与吴某签订书面合同购买了案涉房屋，并向吴某支付了购房款，按月支付按揭款，且实际占有使用案涉房屋。基于以上事实，南部县人民法院作出 1372 号民事调解书，该调解书主文确认案涉房屋系袁某、邓某购买，归邓某所有。生效民事调解书已经对案涉房屋所有权的归属进行了明确，天府银行就其金钱债权主张强制执行案涉房屋，显然与 1372 号民事调解书主文确定案涉房屋所有权归邓某所有冲突，根据《中华人民共和国物权法》第 28 条[①]“因人民法院、仲裁委员会的法律文书或者人民政府的征收决定等，导致物权设立、变更、转让或者消灭的，自法律文书或者人民政府的征收决定等生效时发生效力”以及《最高人民法院关于适用〈中华人民共和国物权法〉若干问题的解释（一）》第 7 条[②]“人民法院、仲裁委员会在分割共有不动产或者动产等案件中作出并依法生效的改变原有物权关系的判决书、裁决书、调解书，以及人民法院在执行程序中作出的拍卖成交裁定书、以物抵债裁定书，应当认定为物权法第二十八条所称导致物权设立、变更、转让或者消灭的人民法院、仲裁委员会的法律文书”的规定，袁某、邓某就案涉房屋享有足以排除强制执行的民事权益，天府银行要求执行案涉房屋的请求，不能成立。天府银行认为该民事调解书损害其民事权益，可以另行主张权利。

四川省高级人民法院在二审中认为：案涉房屋是否应当继续执行的关键问题是袁某、邓某对该房屋享有的权益能否阻却执行。首先，从本案事实来看，袁某、邓某在购买案涉房屋时明知该房屋设有银行按揭贷款，该房屋设有权利负担，袁某、邓某仍选择向吴某购买该房屋，采取向

---

① 已失效，对应《中华人民共和国民法典》第 229 条，下同。

② 已失效，对应《最高人民法院关于适用〈中华人民共和国民法典〉物权编的解释（一）》第 7 条。

吴某的银行账户每月打款的方式代吴某归还按揭贷款,理应预期对于抵押贷款未还清前房屋难以办理过户登记到名下以及可能产生的风险,故该房屋在法院查封前未能办理过户登记,一定程度上系其自身原因所致。据此,袁某、邓某并不满足《最高人民法院关于人民法院办理执行异议和复议案件若干问题的规定》第28条第4项关于"非因买受人自身原因未办理过户登记"的要件,不享有阻却执行的合法权益,不能阻却天府银行的执行申请。其次,《中华人民共和国物权法》第9条第1款①规定:"不动产物权的设立、变更、转让和消灭,经依法登记,发生效力;未经登记,不发生效力,但法律另有规定的除外。"南部县人民法院作出1372号民事调解书时,案涉房屋仍登记在吴某名下,吴某才是该房屋的合法所有权人,该房屋未经变更登记尚不能被认定为袁某、邓某之间的共有财产,袁某、邓某之间就该房屋的分配应属无权处分,对外不能产生物权变动的效力。据此,1372号民事调解书不能产生《中华人民共和国物权法》第28条规定的物权变动效力,不能阻却天府银行的执行申请。

最高人民法院再审认为:关于案涉房屋未办理过户登记是否系因袁某、邓某自身原因。袁某、邓某在购买案涉房屋时知晓该房屋设有银行按揭贷款但未重新办理抵押,该交易安排不具有违法性,因而袁某、邓某并不因此而具有法律上的可责难性。袁某、邓某对案涉房屋的风险预期,应当限于如未按时、足额偿还按揭贷款而产生的抵押权人主张权利的风险,不应扩大至抵押贷款未还清前房屋仍登记在原权利人名下、因原权利人的行为而产生的一切风险。2015年5月,袁某、邓某曾以提起诉讼的方式主张办理权属变更登记,虽然其在起诉状中称因得知吴某负债提起诉讼,但是作为已支付了大部分房款并长期居住在案涉房屋的买受人,袁某、邓某诉请办理权属变更登记符合常理,并非必然以恶意对抗执行为目的。综合上述情形,法院认为,不应认定未办理过户登记系因

① 已失效,对应《中华人民共和国民法典》第209条。

袁某、邓某自身过错。此外,综合考虑袁某、邓某已实际支付案涉房屋绝大部分房款,自 2010 年即占有使用,邓某离异后至今仍居住在案涉房屋,且该房屋是邓某在成都市的唯一住房等因素,相较于天府银行基于吴某应当履行保证责任而享有的保证债权,对袁某及邓某特别是邓某对于案涉房屋享有的权利予以优先保护,符合法律保障生存权、居住权的精神,更具有正当性和合理性。综上所述,袁某、邓某的再审请求成立。二审判决适用法律、处理结果不当;一审判决适用法律不当,但是判决结果正确。

相关规定

《最高人民法院关于人民法院办理执行异议和复议案件若干问题的规定》(2020 修正)

第二十八条　金钱债权执行中,买受人对登记在被执行人名下的不动产提出异议,符合下列情形且其权利能够排除执行的,人民法院应予支持:(一)在人民法院查封之前已签订合法有效的书面买卖合同;(二)在人民法院查封之前已合法占有该不动产;(三)已支付全部价款,或者已按照合同约定支付部分价款且将剩余价款按照人民法院的要求交付执行;(四)非因买受人自身原因未办理过户登记。

74. 买卖房屋被另案查封,买方能否排除强制执行?

裁判规则

金钱债权执行中,买受人在人民法院查封之前已签订合法有效的书面买卖合同、已合法占有不动产并支付全部价款，且非因买受人自身原因未办理过户登记的，则享有排除执行登记在被执行人名下的不动产的权利。

案号索引

广东省高级人民法院(2020)粤民再128号民事判决书

案情简介

原告林某(买方)与第三人郑某于2015年7月1日签订《拆迁安置转让协议》，约定内容包括：第三人郑某向林某转让其所有的大冲村村民住宅物业，转让总价为380万元；第三人郑某承诺涉案房屋系商品房，不存在任何瑕疵，可办理正式的商品房房屋证。林某于2014年至2015年6月15日分批转账共计300万元至刘某森账户，刘某森与第三人郑某系表兄弟关系。2015年2月17日，林某分两笔转账共计80万元给郑某。2017年5月1日，林某支付了涉案房屋2016年1月至2017年5月1日的电费。2017年5月19日，林某以郑某的名义支付了涉案房屋2015年6月至2017年5月的物业管理费。2017年6月1日，林某向物业管理处申请对涉案房屋进行装修。2017年2月21日，由于郑某与被告陈某的民间借贷纠纷，涉案房屋作为被执行人郑某的财产被法院查封。

法院观点

广东省高级人民法院认为：林某与被执行人郑某在涉案房屋被查封前已签订有效的买卖合同。为证明刘某森与郑某系表兄弟，且刘某森与涉案房屋有关联，林某提交其与刘某森于2015年2月8日签订的《拆迁安置转让协议》。综合以上事实，结合郑某出具的《收款收据》，应认定林某在涉案房屋被查封前已按照买卖合同约定支付了全部的购房款。

二审判决认为林某虽然提交了郑某出具的《收款收据》但郑某未能出庭应诉，现也无证据证明刘某森将相关款项转付给郑某，故无法证实林某向刘某森支付的300万元即为涉案房屋购房款。对此，法院认为，郑某经法庭合法传唤未到庭参加诉讼，不影响人民法院对相关事实的认定。在无其他证据推翻郑某所出具的《收款收据》的真实性的情形下，应认定该《收款收据》的真实性，应认定为郑某的真实意思表示。刘某森是否将林某支付的300万元关系转付给郑某，在郑某出具《收款收据》予以确认的情形下，属于对林某支付涉案房屋购房款的追认，即使林某无法证明刘某森已将相关的300万元款项转付给郑某，也足以认定郑某已收取涉案房屋的购房款。而且，郑某于当天还向林某出具《交房确认书》。因此，二审判决认定林某未能提供证据证明已支付全部购房款，认定事实有误，法院予以纠正。另外，二审判决认为根据林某提交的物业管理费、电费支付凭证及二审法院调取的涉案房屋的水电记录，认定林某主张其于查封前已经实际占有使用涉案房屋依据不足。对此，法院认为，实际占有使用房屋，应当以脱离房屋出售人的控制、买受人实际控制房屋为标准，是否使用了房屋，并非实际占有使用房屋的标准，况且二审法院已经查明涉案房屋在2016年3月至2017年2月有少量水、电的发生，证明在涉案房屋被查封前确实有使用的事实，结合郑某出具的《交房确认书》及林某于2017年5月缴交了涉案房屋此前的物业管理费、电费等证据，应认定林某在涉案房屋被查封前已实际占有使用涉案房屋。再有，涉案房屋被查封时尚未办理《不动产权证书》，房屋产权尚未登记至回迁人郑某名下。而涉案房屋属于补偿物业，按相关规定只能首先登记在郑某名下，之后房屋转让的才能登记至买受人名下。结合《拆迁安置转让协议》对涉案房屋过户登记的约定，以及林某于涉案房屋被查封前已提起诉讼请求人民法院判令郑某及时办理涉案房屋过户至林某名下，充分证明林某既未超出《拆迁安置转让协议》约定的要求郑某协助林某办理涉案房屋更名、过户手续的期限，也不存在怠于行使权利的行为，故应认定林某对涉案房屋于被查封前未能办理过户登记不存在过错。综合以上分析，林某对涉案房屋享有足以排除强制执行的民事权益。

相关规定

《最高人民法院关于人民法院民事执行中查封、扣押、冻结财产的规定》(2020修正)

第十七条　被执行人将其所有的需要办理过户登记的财产出卖给第三人，第三人已经支付部分或者全部价款并实际占有该财产，但尚未办理产权过户登记手续的，人民法院可以查封、扣押、冻结；第三人已经支付全部价款并实际占有，但未办理过户登记手续的，如果第三人对此没有过错，人民法院不得查封、扣押、冻结。

《最高人民法院关于人民法院办理执行异议和复议案件若干问题的规定》(2020修正)

第二十八条　金钱债权执行中，买受人对登记在被执行人名下的不动产提出异议，符合下列情形且其权利能够排除执行的，人民法院应予支持：(一)在人民法院查封之前已签订合法有效的书面买卖合同；(二)在人民法院查封之前已合法占有该不动产；(三)已支付全部价款，或者已按照合同约定支付部分价款且将剩余价款按照人民法院的要求交付执行；(四)非因买受人自身原因未办理过户登记。

同类案例

在(2022)最高法民再212号案件中，最高人民法院认为：关于在案涉房屋被查封之前是否已签订合法有效的书面买卖合同的问题。参考

《全国法院民商事审判工作会议纪要》第127条的精神，要求在人民法院查封之前已签订合法有效的书面买卖合同，主要目的是便于甄别真实的买受人，以保护商品房消费者之外的一般买受人的物权期待权。本案中，诚鑫公司与邵某于2013年4月25日签订《买卖协议》，约定诚鑫公司将属于其所有的1号酒店式公寓五层、六层、七层出卖给邵某以抵顶工程款。邵某与石某于2013年5月31日签订《买卖协议》，约定邵某将1号酒店式公寓六层出卖给石某。石某与赵某于2015年1月4日签订《转让协议》，约定石某将其所有的1号酒店式公寓六层转让给赵某。一审、二审法院已经查明，赵某与诚鑫公司于2015年5月22日重新签订了《商品房买卖合同》，约定赵某所购买房屋为1号公寓楼六层，建筑面积575.79平方米，付款方式为一次性付清，诚鑫公司向赵某出具了维修基金缴纳收据。此节足以证明诚鑫公司已将本案所涉房屋售予赵某，该民事法律关系合法有效。赵某与姚某、赵某科于2016年4月9日签订《房屋买卖协议》，约定了房屋信息、价格、付款方式等事项，该协议系双方当事人真实意思表示，不违反法律、行政法规的规定，合法有效。此时赵某是否享有案涉房屋的产权，不影响《房屋买卖协议》的效力。《房屋买卖协议》签订后，赵某向姚某、赵某科交付案涉房屋，姚某、赵某科陆续向赵某支付全部购房款并装修房屋，从2016年5月3日起以业主身份缴纳物业水、电费用办公居住使用至今，各方已实际履行《房屋买卖协议》约定的义务，足以认定各方之间存在真实的商品房买卖关系。虽然诚鑫公司与姚某、赵某科之间并无直接的商品房买卖合同关系，但案涉房屋转售事实清楚，且没有证据证明上述各方之间存在恶意串通、虚构交易、损害第三人利益的情形，能够形成完整的证据链证明在人民法院对案涉房屋查封前已签订合法有效的书面买卖合同。二审判决关于案涉合同的签订情况不能反映案涉房屋有效流转的过程，存在自然人与法人人格混同，无证据证明邵某能够代表华厦庆阳分公司处分财产，石某未在涉及其权利义务的《协议书》上签字确认存在问题，没有证据证明石某与赵某签订过所谓的“转让协议”，诚鑫公司将案涉房屋抵顶给邵某后又将该房屋出售给赵某存在矛盾等认定，曲解各方当事人所作的交易安排，导致错误认定本案不符合在人民法院对案涉房屋查封前已签订合法有效的书面买卖合同这一条件，应予纠正……综上，姚某、赵某科满足排除执行的四项条件。

第三章

非商品房买卖裁判规则

75. 深圳市原集体所有土地上的“绿本房”买卖合同是否有效？卖方是否可以请求返还房屋？

裁判规则

深圳市农村集体经济组织全部成员转为城镇居民后，原属于其成员集体所有的土地属于国家所有，不属于集体所有土地房屋，有产权证的小产权房（“绿本房”）买卖合同没有违反法律、行政法规的强制性规定，系双方当事人的真实意思表示，合法有效，卖方请求返还房屋的，法院不予支持。

案号索引

广东省深圳市宝安区人民法院（2019）粤0306民初16276号民事判决书

案情简介

涉案房屋为深圳市宝安区某村自建私宅，1991年核准登记于文某一名下，文某一去世后由其配偶及七名子女继承，2003年该房屋由权利人进行历史遗留违法建筑申报，后取得房屋所有权证。2014年房屋权利人（文某一配偶及七名子女）与王某（买方，被告）签订《房屋买卖合同》交易该房屋，买方付款后实际占有房屋。后房屋即将拆迁，部分卖方向法院请求判决合同无效、返还房屋。

法院观点

广东省深圳市宝安区人民法院认为：原告关于合同无效的理由有

二:(1)原告不知情,也未同意进行处置;(2)根据《中华人民共和国合同法》和《中华人民共和国土地管理法》等法律规定,"绿本房"属于限制流通产权房。以上理由,法院不予采纳,具体如下:(1)据被告所提供的《房屋买卖合同》《见证书》,三原告已签名捺印确认,该文书的见证人署名与原告提供文书一致,且结合被告长期占有、使用涉案房屋的事实,三原告称不知情且未同意房屋交易,法院不予采信。(2)根据《中华人民共和国土地管理法实施条例》的相关规定,宝安区农村集体经济组织全部成员转为城镇居民后,原属于其成员集体所有的土地属于国家所有,本案涉案房屋适用该情形相关规定。因此,涉案房屋虽未符合房屋过户条件,但并不影响合同的效力。遂驳回原告(出卖人)要求确认《房屋买卖合同》无效的诉讼请求。

相关规定

《深圳市宝安龙岗两区城市化土地管理办法》

第二条　根据《中华人民共和国土地管理法实施条例》的相关规定,两区农村集体经济组织全部成员转为城镇居民后,原属于其成员集体所有的土地属于国家所有。

同类案例

【案例一】在(2019)粤03民终2894号案件中,广东省深圳市中级人民法院查明:涉案房屋为深圳市坪山区自建私宅,1996年取得房地产权证,所有权性质为国有,土地用途为村民住宅用地,同时房地产证上载明不得买卖,抵押、出租须按有关规定办理。卖方将房屋出售给买方,买方付款并实际占有后卖方起诉请求判决合同无效、返还房屋。

广东省深圳市中级人民法院认为:根据涉案房地产证以及深圳市规

划和国土资源委员会坪山管理局出具的《深圳市规划国土委坪山管理局关于×号宗地土地权属等信息核查情况的函》,涉案房产所在土地所有权性质为国有,不属于集体所有土地,故涉案房产交易不违反《中华人民共和国土地管理法》第62条、第63条等有关限制农民集体所有土地使用权流转的规定。彭某、曾某(卖方)主张涉案房屋买卖合同应为无效合同理由不充分,法院不予采纳。因涉案合同有效,彭某、曾某(卖方)基于合同无效请求的返还房屋、支付房屋使用费的诉请法院一并驳回。

【案例二】在(2016)粤03民终22009号案件中,广东省深圳市中级人民法院查明:黄某与吴某签订《房屋买卖合同》约定交易黄某名下的自建房屋,该房屋有房屋所有权证,后吴某占有使用房屋,黄某起诉请求确认合同无效、判决返还房屋。

广东省深圳市中级人民法院认为:根据《中华人民共和国土地管理法实施条例》的相关规定,宝安区农村集体经济组织全部成员转为城镇居民后,原属于其成员集体所有的土地属于国家所有。因此,本案涉案房屋不属于集体所有土地房屋,且涉案房屋亦取得房屋产权证,故黄某与吴某签订的《转让房屋合同书》没有违反法律、行政法规的强制性规定,系双方当事人的真实意思表示,该合同合法有效,黄某请求确认合同无效的上诉理由不能成立,法院不予支持。

76. 购买"绿本房",是否可以请求办理过户?

裁判规则

购买有"绿本"产权证的小产权房,在尚未出台有关用地转为商品性用地的政策时,买方起诉请求卖方配合过户的,法院不予支持。

案号索引

广东省深圳市宝安区人民法院(2020)粤0306民初36091号民事判决书

案情简介

案涉房屋的性质为非市场商品房,土地权属来源为免地价,地产证及附记记载“在非农建设用地房地产抵押、上市未明确规定之前,本次登记的房地产暂不得抵押、转让”,但房屋事实上经过多次易手。2010年,当时的房屋权利人吴某、被告安乐公司(卖方)与原告咏达公司(买方)和关联公司签署四方协议,约定:鉴于吴某转让给安乐公司、安乐公司转让给咏达公司,各方一致同意房产直接归咏达公司,安乐公司应当配合权属过户。买方咏达公司认为2009年房屋取得“绿本”房地产证后已经可以办理过户,遂起诉至法院。

法院观点

广东省深圳市宝安区人民法院认为:案涉房屋为非市场商品房,该宗地权属来源为免地价,房地产证明确记载在非农建设用地房地产抵押、上市未明确规定之前暂不得抵押、转让,且目前暂无将该宗地转为商品性用地的政策,因此案涉不动产不能办理转移登记手续。原告要求被告配合办理过户手续,缺乏事实和法律依据,法院不予支持。故判决:一、确认《购买房产合同书》《补充协议书》《房产转让确认书》《房产权利确认书》合法、有效;二、驳回原告咏达公司的其他(要求被告配合办理绿本转红本并过户)诉讼请求。

相关规定

《深圳经济特区房地产转让条例》

第七条　下列房地产，应当经主管部门批准，并补足地价款后，方可转让：

（一）通过行政划拨取得土地使用权的；

（二）取得土地使用权时减免地价款的；

（三）法律、法规规定的其他情形。

同类案例

在（2022）粤0304民初5181号案件中，广东省深圳市福田区人民法院查明：案涉房产亦是非市场商品房，尚未办理分户产权登记，买方起诉要求卖方配合办理过户手续。

广东省深圳市福田区人民法院认为：在未有证据显示案涉房产已具备过户条件的前提下，原告诉请被告将案涉房产的产权转移登记至其名下，法院不予支持。原告可待相关条件具备后，再行主张权利。

77. 安居房具备“绿转红”的条件，买家能否要求卖家交付房产并协助办证？

裁判规则

安居房具备“绿转红”的条件，买家可以要求卖家交付房产并协助办证。

案号索引

广东省深圳市中级人民法院(2018)粤03民终19256号民事判决书

案情简介

案涉房屋系香某公司于1997年分配给刘某(卖方),但在该公司房改时,刘某因退休,未办理公司房的房改手续,涉案房产在2005年7月18日前仍登记在香某公司名下,为绿本状态,实际产权人是刘某。牛某是刘某妻子。

2005年,牛某委托于某出售前述房屋。由于案涉房屋登记在香某公司名下,未过户到刘某名下,而刘某和牛某夫妇已分得深圳市福利房,要出售案涉房屋须找到一名有深圳市户口且没有分过福利房的人,先将案涉房屋过户到其名下后再出售。于某便找到沈某,并于2005年7月18日将案涉房屋先转移登记至沈某(代持人)名下。

2005年7月20日,卖方代理人于某代表名义权利人沈某与他某(买方)签订《深圳市房地产买卖合同》,约定由他某购买案涉房屋,他某已实际支付约定的全部购房款。

现有另案法院生效判决确认香某公司与沈某的房产转让无效,案涉房屋产权并非沈某。

另外,案涉房屋至今仍由牛某、刘某占有并使用。他某遂起诉请求实际产权人刘某和牛某继续履行房屋买卖合同,将案涉房屋过户至其名下。

法院观点

广东省深圳市中级人民法院认为:涉案房产在签订上述合约时的性质为安居房,但已办理绿本房产证,且已达到换取红本的条件,即已具备市场流通的条件,故涉案房产的买卖不违反法律法规的禁止性规定和国家的相关政策规定，牛某、刘某以涉案房产属于法律法规禁止流通的微利房为由，主张因违反《合同法》第五十四条第五款而买卖合同无效的理由不成立。《深圳市房地产买卖居间合约》系牛某、刘某和他某的真实意思表示，签订该合约时不存在《中华人民共和国合同法》第五十四条规定的欺诈、胁迫等情形；香某公司亦明确涉案房产系分配给刘某的福利房，且对牛某、刘某转让涉案房产未提出异议，故涉案房产的买卖也不存在侵害第三人相关权利或损害国家和社会公共利益的情形。综上，《深圳市房地产买卖居间合约》是各方当事人的真实意思表示，内容未违反法律法规的强制性规定，各方当事人均应依约诚信履行。

相关规定

《中华人民共和国民法典》

第一百五十三条　违反法律、行政法规的强制性规定的民事法律行为无效。但是，该强制性规定不导致该民事法律行为无效的除外。

违背公序良俗的民事法律行为无效。

《全国法院民商事审判工作会议纪要》

31.【违反规章的合同效力】违反规章一般情况下不影响合同效力，但该规章的内容涉及金融安全、市场秩序、国家宏观政策等公序良俗的，应当认定合同无效。人民法院在认定规章是否涉及公序良俗时，要在考察规范对象基础上，兼顾监管强度、交易安全保护以及社会影响等方面进行慎重考量，并在裁判文书中进行充分说理。

《深圳市保障性住房条例》

第四十一条　购买的保障性住房在取得完全产权前不得转让、出租、抵押，但是为购买本套保障性住房而向银行设定的抵押除外。

规定年限届满后，购买保障性住房的家庭或者单身居民申请取得完全产权的，应当缴纳土地收益并按照市人民政府确定的标准缴纳房产增值收益等价款。

同类案例

在(2019)粤03民终11819号案件中，广东省深圳市中级人民法院认为：涉案房屋系全成本微利房，分配对象为机关事业单位工作人员，不属于保证住房困难群体基本住房需求的保障性住房性质，其分配对象在签订合同满5年后经深圳市住房和建设局同意即可申请办理取得全部产权房产证。深圳市龙岗区住房和建设局亦复函称涉案房屋已取得安居房全部产权的批复，周某、吴某(卖方，被告)可凭此批复到不动产权登记中心申请办理不动产权证。结合双方签订的购房协议，其中亦约定，待涉案房屋能过户时，周某、吴某配合陈某(买方，原告)把房产证过户给陈某或陈某指定的人，该约定不违背安居房转让的相关政策。陈某与吴某、周某签订的《转让黄阁翠苑××栋2××的购房协议书》系双方当事人的真实意思表示，不违反法律、行政法规的禁止性规定，合法有效。陈某已按协议约定支付了9万元转让费及全部购房款，履行了合同义务，周某、吴某亦应履行相应的合同义务。现涉案房屋不存在不能办理转移产权登记的情形，吴某、周某应当依据协议约定协助陈某办理房屋过户手续。

78. 无合法产权手续、报建手续，仅有历史遗留问题申报回执的房屋且已经交付占有，当事人可否请求确认合同无效、返还房产？

裁判规则

无合法产权手续、报建手续，仅有历史遗留问题申报回执的房屋，卖方请求确认合同无效、返还房产的，法院判决驳回起诉。

案号索引

广东省深圳市中级人民法院(2020)粤03民终24748号民事裁定书

案情简介

案涉两套房屋无合法报建手续、产权证明，仅有《深圳市农村城市化历史遗留违法建筑普查申报收件回执》。曾某(卖方)于2009年已经将房屋出租给顺城公司，并于2013年与邓某(买方)签订《物业买卖合同》约定交易案涉两套房屋，邓某付款后实际向租户收取租金并管理房屋。后曾某起诉要求确认合同无效、返还房产。

法院观点

广东省深圳市中级人民法院认为：现有证据可以证明案涉房屋申请了历史违法建筑，属于待处理的违法建筑，其权属问题和合法性问题均应当由相应行政机关作出认定，在行政机关作出认定之前，关于案涉房屋的买卖、确权等纠纷不属于法院受理民事诉讼的范围，一审裁定驳回曾某起诉,二审予以维持。

相关规定

《中华人民共和国民事诉讼法》

第一百二十七条　人民法院对下列起诉,分别情形,予以处理:

(一)依照行政诉讼法的规定,属于行政诉讼受案范围的,告知原告提起行政诉讼;

(二)依照法律规定,双方当事人达成书面仲裁协议申请仲裁、不得向人民法院起诉的,告知原告向仲裁机构申请仲裁;

(三)依照法律规定,应当由其他机关处理的争议,告知原告向有关机关申请解决;

(四)对不属于本院管辖的案件,告知原告向有管辖权的人民法院起诉;

(五)对判决、裁定、调解书已经发生法律效力的案件,当事人又起诉的,告知原告申请再审,但人民法院准许撤诉的裁定除外;

(六)依照法律规定,在一定期限内不得起诉的案件,在不得起诉的期限内起诉的,不予受理;

(七)判决不准离婚和调解和好的离婚案件,判决、调解维持收养关系的案件,没有新情况、新理由,原告在六个月内又起诉的,不予受理。

《最高人民法院关于适用〈中华人民共和国民事诉讼法〉的解释》

第二百零八条　人民法院接到当事人提交的民事起诉状时,

对符合民事诉讼法第一百二十二条的规定，且不属于第一百二十七条规定情形的，应当登记立案；对当场不能判定是否符合起诉条件的，应当接收起诉材料，并出具注明收到日期的书面凭证。

需要补充必要相关材料的，人民法院应当及时告知当事人。在补齐相关材料后，应当在七日内决定是否立案。

立案后发现不符合起诉条件或者属于民事诉讼法第一百二十七条规定情形的，裁定驳回起诉。

同类案例

在(2020)粤0306民初35480号案件中，广东省深圳市宝安区人民法院查明：案涉房屋现状与原宝安县人民政府1992年填发的《房屋所有权证》记载不符，办理了历史遗留建筑申报后尚未经行政机关依法处理，无相关确权情况，买方起诉请求确认合同无效。深圳市宝安区人民法院认为：行政机关的处理结果尚存在不确定性，当事人应在行政部门对涉案土地及地上建筑物、构筑物或其他设施进行处理后，再就因履行合同而发生的财产纠纷向人民法院提起民事诉讼，在此之前不宜作出实体处理。故裁定驳回原告的起诉。

79. 无合法产权手续、报建手续，且从未交付占有，当事人可否请求确认合同无效、返还房款？

裁判规则

无合法产权手续、报建手续，且从未交付占有，买方起诉请求确认合同无效、返还房款的,法院予以支持。

案号索引

广东省深圳市中级人民法院(2020)粤03民终693号民事判决书

案情简介

案涉房屋无权属证明或合法性审批材料,原由黄某兄妹占有使用。2018年黄某兄妹与唐某签订《房屋转让认购协议》,约定由唐某购买房屋,唐某支付定金后认为协议无效,而黄某拒绝返还定金,唐某遂诉至法院要求确认合同无效、返还已付定金。

法院观点

广东省深圳市中级人民法院认为:黄某认为涉案《房屋转让认购协议》有效,应当提供涉案房产合法的产权证明,而直至二审,其对涉案房产是否进行历史遗留登记,是否有权属登记均不能提供相应证据,同时其自述涉案房产为与村集体合作建房而来,因此,本案双方就涉案房产签订《房屋转让认购协议》违反了法律法规的禁止性规定。因本案中,双方房屋交易的涉案房产从未交付占有使用。因此,涉案《房屋转让认购协议》因违反法律法规的禁止性规定被确认无效后,仅涉及房款返还的相关问题,不涉及涉案房产本身合法性及权属的认定,故可以作为民事诉讼受理。涉案《房屋转让认购协议》无效,因该合同取得的财产,应当予以返还。

相关规定

《中华人民共和国民法典》

第一百五十七条　民事法律行为无效、被撤销或者确定不发生效力后，行为人因该行为取得的财产，应当予以返还；不能返还或者没有必要返还的，应当折价补偿。有过错的一方应当赔偿对方由此所受到的损失；各方都有过错的，应当各自承担相应的责任。法律另有规定的，依照其规定。

同类案例

在(2013)深宝法民三初字第782号案件中，广东省深圳市宝安区人民法院认为：原告(买方)支付了购房款，被告未交房，于是要求退款。在深圳市宝安区处理历史遗留违法私房过程中，被告作为申报人对涉案房屋进行了申报，相关部门尚未办理该房屋的房产证，即涉案房屋尚无权属证明，故原、被告于2011年7月26日签订《房屋买卖合同》违反了我国法律法规的相关规定，应认定为无效合同。根据无效合同的全面处理原则，结合本案庭审中已经查明的事实，两被告作为卖方应当向原告返还购房款人民币400万元及利息。

80. 约定买卖建房指标的合同是否有效？

裁判规则

指标作为投入，与另一方签订的合作建房协议，因现有事实不足以确认统建用地为农村宅基地，且不涉及公共利益故主张合作建房协议无效依据不足,不予支持。

案号索引

广东省深圳市中级人民法院(2018)粤03民终14254号民事判决书

案情简介

2015年,苏某(卖方)与陈某(买方)签订《统建合作建房协议》,因苏某属于深圳市大鹏新区某社区原村民未建房户,可享受480平方米的建房指标,苏某提供该建房指标,陈某投入资金合作建房;房屋建成后苏某占180平方米,其余面积归陈某永久使用及支配,苏某起诉要求确认协议无效。苏某至庭审时尚未取得建房用地,向人民法院起诉要求确认合作建房协议无效。

法院观点

广东省深圳市中级人民法院认为:根据双方之间的合作建房协议及规土委大鹏管理局的复函,苏某获得建房指标系基于其作为原村民未分配宅基地未建房的事实,但对其此后依据建房指标可分配的统建房,用地的具体位置及所有权性质目前并不明确。虽规土委大鹏管理局函复规划国土部门已划定用地方案,但复函并未明确所涉用地性质为农村宅基地,且该用地方案目前仍未实施,需由用地单位办理正式用地手续后才可以确定。因此,依据现有事实,尚不足以确定双方协议所涉用地为农村宅基地。苏某主张涉案土地为农村宅基地,进而主张涉案合同因违反法律法规的效力性强制性规定而无效,缺乏事实和法律依据。至于双方协议是否损害公共利益。法院认为,如前所述,根据现有事实并不足以确认协议所涉用地为农村宅基地,而仅就统建房分配指标而言,指标系分配给苏某特定个人,并不涉及公共利益,故依据目前事实,涉案协议亦不存在损害公共利益的情形，不能认定合同无效。法院判决驳回苏某的全部诉讼请求。

相关规定

《中华人民共和国土地管理法》

第六十二条　农村村民一户只能拥有一处宅基地，其宅基地的面积不得超过省、自治区、直辖市规定的标准。

人均土地少、不能保障一户拥有一处宅基地的地区，县级人民政府在充分尊重农村村民意愿的基础上，可以采取措施，按照省、自治区、直辖市规定的标准保障农村村民实现户有所居。

农村村民建住宅，应当符合乡（镇）土地利用总体规划、村庄规划，不得占用永久基本农田，并尽量使用原有的宅基地和村内空闲地。编制乡（镇）土地利用总体规划、村庄规划应当统筹并合理安排宅基地用地，改善农村村民居住环境和条件。

农村村民住宅用地，由乡（镇）人民政府审核批准；其中，涉及占用农用地的，依照本法第四十四条的规定办理审批手续。

农村村民出卖、出租、赠与住宅后，再申请宅基地的，不予批准。

国家允许进城落户的农村村民依法自愿有偿退出宅基地，鼓励农村集体经济组织及其成员盘活利用闲置宅基地和闲置住宅。

国务院农业农村主管部门负责全国农村宅基地改革和管理有关工作。

81. 购买未取得房产证的拆迁安置房(回迁房)合同是否有效?

裁判规则

双方就拆迁安置房(回迁房)性质的房屋签订的房屋买卖合同,不违反法律法规的禁止性规定,合法有效。

案号索引

广东省深圳市中级人民法院(2021)粤03民终7994号民事判决书

案情简介

2015年5月,钟某(买方)与吴某(卖方)签订《房屋产权转让协议书》,约定吴某转让拆迁房A房屋给钟某。后因开发商缘故导致A房屋无法正常开发,双方签订《补充协议一》,约定吴某以抵债的方式将回迁房B房屋转让给钟某。2018年,双方签订《补充协议二》,约定吴某返还146万元给钟某,并解除前两份协议。后二者因返还款项发生争议,吴某主张转让协议无效。

法院观点

广东省深圳市中级人民法院认为:首先,《房屋产权转让协议书》的标的系位于深圳市南山区深圳湾海德一路右边天信湾国际广场,吴某作为北头股民可分得的建筑面积35平方米的住宅;《补充协议一》的标的系北头村城市更新项目返迁房(前海路以东,桂庙路以南,南新路以西的范围)房屋面积(35平方米)的住宅。因此,涉案《房屋产权转让协议书》及《补充协议一》约定钟某购买的标的均为“拆迁房”或“返迁房”，且根据本案钟某提交的《搬迁房屋确权公示》，吴某作为权利人的房屋确实存在纳入城市更新范围的情况，因此，双方就返迁房性质的房屋签订的房屋买卖合同，不违反法律法规的禁止性规定，应为合法有效。其次，双方签订的《补充协议二》，在性质上系对双方在《房屋产权转让协议书》《补充协议一》中权利义务进行的清算，该协议为双方当事人的真实意思，合法有效，不论《房屋产权转让协议书》《补充协议一》的效力如何，均不影响《补充协议二》的效力。吴某未按《补充协议二》的约定返还房款，应承担相应违约责任。《补充协议二》约定：“甲方必须按约定的期限及金额向乙方支付，如未按该约定执行，视为甲方违约，甲方需按未支付的欠款金额按月3%的利息当月支付给乙方”，但违约金旨在弥补守约方的损失，钟某并未举证证明其损失，且结合涉案房屋原购房款金额、吴某违约程度等，双方约定的月3%的标准过高，一审法院酌情调整至按日5‰自2019年9月2日起支付。

相关规定

《中华人民共和国民法典》

第一百四十三条　具备下列条件的民事法律行为有效：

（一）行为人具有相应的民事行为能力；

（二）意思表示真实；

（三）不违反法律、行政法规的强制性规定，不违背公序良俗。

第一百五十三条　违反法律、行政法规的强制性规定的民事法律行为无效。但是，该强制性规定不导致该民事法律行为无效的除外。

违背公序良俗的民事法律行为无效。

第五百八十五条　当事人可以约定一方违约时应当根据违约情况向对方支付一定数额的违约金，也可以约定因违约产生的损失赔偿额的计算方法。

约定的违约金低于造成的损失的，人民法院或者仲裁机构可以根据当事人的请求予以增加；约定的违约金过分高于造成的损失的，人民法院或者仲裁机构可以根据当事人的请求予以适当减少。

当事人就迟延履行约定违约金的，违约方支付违约金后，还应当履行债务。

82. 离婚时经济适用房如何进行财产分割？

裁判规则 1

对不能上市交易的经济适用房，可待该房上市交易条件成熟时或者有关经适房的相应产权处理依据出台后另行分割处置。但在上述条件未实现之前，由于该房产的使用权亦具有财产属性，应作为夫妻共同财产依法分割，可以判决一方有使用权，另一方按月度获得租金补偿。

案号索引

广东省深圳市中级人民法院（2014）深中法民终字第 2404 号民事判决书

案情简介

邱某(男方)与周某(女方)于1997年登记结婚并育有一女,双方曾于2008年共同申请向某集团公司申购一套经济适用房,2013年二人离婚,就财产分割发生争议,截至庭审时该经济适用房未补缴地价款,不满足上市交易条件。

法院观点

广东省深圳市中级人民法院认为:鉴于该房产属于经济适用住房,可待该房上市交易条件成熟时或者有关经适房的相应产权处理依据出台后另行分割处置,但在上述条件未实现之前,由于该房产的使用权亦具有财产属性,应作为夫妻共同财产依法分割,原审对此处理有误,法院予以更正。经查,邱某作为申请人、周某及女儿作为共同申请人与卖方深圳市××集团有限公司及卖方销售代理机构签订了《深圳市经济适用住房买卖合同》,通过按揭方式购买了上述房产。双方女儿由邱某抚养,按照照顾子女权益的原则,法院判令该房产的使用权由邱某享有,同时,以该房产同地段政府公布的房屋租赁指导租金和对该房所享有权益之比例为基础,由邱某每月补偿周某相应房屋使用费1300元。由于该房现仍需偿还房屋贷款,邱某和周某每月应各自负担该房按揭贷款金额的一半即650元。

裁判规则 2

对于满足上市条件的经济适用房,可以参照一般商品房对现有价值进行财产价值评估,再进行分割。

案号索引

广东省深圳市中级人民法院(2020)粤03民终11700号民事判决书

案情简介

陈男与陈女原为夫妻，双方共同申请购买了一套经济适用房。2016年2月3日，陈男、陈女协议离婚，约定房产归陈男所有，2017年该房已经补缴地价并满足上市交易条件。陈女在离婚之前对江某负债46万元且经法院生效裁判确认，债权人江某在执行过程中发现陈女名下无财产可供执行，遂起诉至法院要求代位陈女向陈男主张共同财产分割。

法院观点

广东省深圳市中级人民法院认为：陈男与陈女协商离婚时对涉案房产的处置已经法院生效判决确认。现涉案房产已能上市交易，涉案房产在离婚后的增值依法应为夫妻共同财产，陈男应在2016年2月3日就涉案房屋市场价值50%的范围内对债权人江某承担偿还责任。陈男主张经济适用房只应按购买价进行分割无法律依据。一审法院委托某评估有限公司对涉案房屋进行评估时以2016年2月3日(协议离婚)为时间点，且房地产估价报告也扣除了其后所发生的相关费用等因素，房地产估价报告评估涉案房屋的市场价值为1,856,200元已考量了陈男的相关利益，一审予以采信并无不当。

相关规定

《经济适用住房管理办法》

第三十条　经济适用住房购房人拥有有限产权。

购买经济适用住房不满5年，不得直接上市交易，购房人因特殊原因确需转让经济适用住房的，由政府按照原价格并考虑折旧和物价水平等因素进行回购。

购买经济适用住房满5年，购房人上市转让经济适用住房的，应按照届时同地段普通商品住房与经济适用住房差价的一定比例向政府交纳土地收益等相关价款，具体交纳比例由市、县人民政府确定，政府可优先回购；购房人也可以按照政府所定的标准向政府交纳土地收益等相关价款后，取得完全产权。

上述规定应在经济适用住房购买合同中予以载明，并明确相关违约责任。

《中华人民共和国民法典》

第一千零八十七条　离婚时，夫妻的共同财产由双方协议处理；协议不成的，由人民法院根据财产的具体情况，按照照顾子女、女方和无过错方权益的原则判决。

对夫或者妻在家庭土地承包经营中享有的权益等，应当依法予以保护。

83. 无经济适用房购房资格者借名申购经济适用房，借名合同是否有效？

裁判规则

无经济适用房购房资格者借名购买经济适用房，因损害公共社会利益，合同无效。

案号索引

广东省深圳市中级人民法院（2018）粤 03 民终 16040 号民事判决书

案情简介

黄某1系离退休人员,有经济适用房购房资格。2009年,黄某1携配偶李某、女儿黄某2共同申请购买涉案经济适用房。2010年,王某与黄某2结婚。后来黄某家庭将房屋转让,王某主张其借黄某1家庭名义购房,主要由其支出购房款并承担贷款。

法院观点

广东省深圳市中级人民法院认为:在黄某1、黄某2等人于2010年3月向主管部门申购涉案经济适用房时,王某与黄某2尚未登记结婚,不属于法律意义上的黄某1家庭成员,王某并不具备相关政策所认可的共同申购涉案房屋的资格,故即使其关于与黄某1等人达成借名购房合意的主张属实,该合意亦因有损社会公共利益,而属于《中华人民共和国合同法》第52条[①]第4项所明确规定的无效合同,根据《中华人民共和国合同法》第56条[②]关于无效合同自始没有法律约束力的规定,王某无权以所谓借名购买经济适用房为由而就该房屋主张权利。

相关规定

《中华人民共和国民法典》

第一百五十三条　违反法律、行政法规的强制性规定的民事法律行为无效。但是,该强制性规定不导致该民事法律行为无效的除外。

违背公序良俗的民事法律行为无效。

---

① 已失效,对应《中华人民共和国民法典》第146条。

② 已失效,参考《中华人民共和国民法典》关于民事行为无效的规定。

相反案例

【**裁判规则**】借名购买经济适用房合同纠纷中，所购经济适用房是实际购买方唯一一套自住房且不用于投资的，不能认定借名买房存在非法目的、损害国家或社会公共利益，借名购买经济适用房行为有效。

【**法院观点**】在（2014）北民再字第3号案件中，天津市河北区人民法院认为：当事人借名购买的经济适用房为其唯一一套自住房，且未用于投资。民事活动是否损害国家或社会公共利益，应该结合案件实际情况作个别的、具体的判断。本案被申请人在当时并无购买经济适用房的实际需求和意愿，而申请人除诉争房外别无其他住房，其购买诉争房系用于自住，而非用于投资或投机，因此申请人与被申请人之间的借名买房行为不能认定存在非法目的，其实际效果与政策规范目的亦不存在明显背离。且依据房管政策，经济适用房在上市交易（申请人与被申请人之间办理更名过户）时要缴纳各种税费，政府通过收缴税费的方式已经收回一部分政策补贴性投入，因此亦不能认定为损害国家或社会公共利益。

84. 买卖尚未满足上市交易条件的经济适用房，效力如何？

裁判规则

买卖尚未满足上市交易条件的经济适用房，属于恶意串通规避国家政策，并损害社会公共利益和国家利益的情形，合同无效。

案号索引

广东省深圳市中级人民法院（2017）粤03民终935号民事判决书

案情简介

2008年，温某1、温某2和张某作为共同申请人向深圳市国土资源和房地产管理局申购经济适用房一套，该房屋暂未取得完全产权。2012年，陆某作为买方与温某1、温某2和张某签订《房屋买卖合同》，约定以80万元交易该套房屋，自2012年起陆某便开始使用房屋。陆某支付大部分房款后，因卖方无法对案涉房屋赎楼、过户，合同陷入停滞，陆某便起诉至法院要求判令温某1、温某2和张某履行赎楼、过户等手续并承担逾期违约金。

法院观点

一审法院广东省深圳市南山区人民法院认为：涉案房产系温某1、温某2、张某于2008年8月购买的经济适用房，至2012年2月19日，陆某与温某1、温某2、张某签订《房屋买卖合同》时，尚未取得全部产权，也未过5年的限售期。法院认为，国家住房保障政策的目的在于保证住房困难群体对房屋使用的需求，温某1、温某2、张某在限制上市交易期内擅自转让经济适用房，破坏了国家对经济适用房的管理秩序，与国家推行住房保障政策的社会公益目的相悖，也妨害了其他尚未取得经济适用房的申购主体的利益，构成对社会公共利益的损害，依据《中华人民共和国合同法》第52条第4项的规定，陆某与温某1、温某2、张某签订的《房屋买卖合同》为无效合同。

二审法院广东省深圳市中级人民法院在一审基础上补充认为：温某1、温某2、张某家庭在签订《深圳市经济适用住房买卖合同》中明确约定，购房者取得全部产权前，如因自身原因不再使用经济适用住房时，应通过住房保障管理部门回购的方式退出已购房产。《深圳市保障性住房条例》第42条对购房者在经济适用房限制上市交易期内不再使用房产的情况下由主管部门进行回收的政策也予以明确规定。本案中，温某

1、温某2、张某在尚未取得涉案房产完全产权时与陆某签订《房屋买卖合同》，将社会保障性住房予以出售并交付陆某使用至今，买卖双方在明知政策限制的情况下，仍为谋取自身利益而签订《房屋买卖合同》，存在恶意串通规避国家政策，并损害社会公共利益和国家利益的情形。一审判决陆某与温某1、温某2、张某之间的《房屋买卖合同》无效正确，法院予以维持。

相关规定

《深圳市保障性住房条例》(2020修正)

第四十一条　购买的保障性住房在取得完全产权前不得转让、出租、抵押，但是为购买本套保障性住房而向银行设定的抵押除外。

规定年限届满后，购买保障性住房的家庭或者单身居民申请取得完全产权的，应当缴纳土地收益并按照市人民政府确定的标准缴纳房产增值收益等价款。

第四十二条　购买保障性住房的家庭或者单身居民在取得完全产权前有下列情形之一的，其所购保障性住房由市主管部门按照在原销售价格基础上综合考虑住房折旧和物价水平等因素后确定的价格予以收回：

(一)已另行购买拥有住房的；

(二)全部家庭成员户籍均迁出本市的；

(三)因银行实现抵押权而处置保障性住房的；

(四)需要转让所购保障性住房的。

同类案例

在(2019)粤03民终11819号案件中,广东省深圳市中级人民法院认为:涉案房产系全成本微利房,分配对象为机关事业单位工作人员,不属于保证住房困难群体基本住房需求的保障性住房性质,其分配对象在签订合同满5年后经深圳市住房和建设局同意即可申请办理取得全部产权房产证。深圳市龙岗区住房和建设局亦复函称涉案房产已取得安居房全部产权的批复,周某、吴某可凭此批复到不动产权登记中心申请办理不动产权证。结合双方签订的购房协议,其中亦约定,待涉案房产能过户时,周某、吴某配合陈某把房产证过户给陈某或陈某指定的人,该约定不违背安居房转让的相关政策。陈某与吴某、周某签订的《转让黄阁翠苑××栋2××的购房协议书》系双方当事人的真实意思表示,不违反法律、行政法规的禁止性规定,合法有效。

85. 安居房永久租赁是租赁还是买卖关系?合同是否有效?合同不能履行的责任由谁承担?

裁判规则

安居房配租协议约定将定向配售的保障房的永久使用权一次性配租给员工,虽名为租赁实为买卖关系,损害了公共利益,应为无效合同,双方对无效均存在过错,应就对方损失承担50%的赔偿责任。

案号索引

广东省深圳市中级人民法院(2020)粤03民终18606号民事判决书

案情简介

2015 年 10 月 29 日，民科公司与廖某签署《安居房配租协议书》，约定将民科公司本次申购取得的安居房×××园×栋×座×室（面积 89.55 平方米，以人民币 806,140 元的价格）一套，房屋永久使用权配租给廖某并约定如政策允许将产权过户至廖某名下。廖某向民科公司付清了全部申购款项 806,140 元并办理房产证税费。

2018 年 5 月 8 日，涉案房产办理了转移登记，权利人由民科公司变更为深圳市龙华区住房和建设局。

民科公司、廖某于庭审中均确认，双方签署《安居房配租协议书》时，廖某为民科公司员工，涉案房产由廖某自 2015 年 12 月 25 日入住至今。

法院观点

广东省深圳市中级人民法院认为：民科公司与廖某签订的《安居房配租协议书》虽然名义上系房屋租赁合同，但实际上系就涉案房产所达成的买卖合同关系。由于涉案房产为保障性住房且为限制产权住房，按照《深圳市保障性住房条例》及《深圳市人才安居办法》的规定，该房产现不具备转让条件，只能由民科公司出租给本单位在本市未拥有商品住房或者政策性住房的职工。民科公司、廖某签署的《安居房配租协议书》违反了有关保障性住房的规定，损害了公共利益，根据《中华人民共和国合同法》第 52 条第 4 项的规定，应为无效。

民科公司与长安公司签署的《深圳市保障性住房买卖合同（定向配售）》已明确约定了房屋的性质及使用方式，民科公司理应知悉该房屋只能出租给其单位员工而不能出售，但其仍与廖某签署协议将该房屋出售给廖某；廖某作为购买房产一方，未对涉案房产是否存在交易限制尽到审慎的注意义务，且民科公司、廖某签署的《安居房配租协议书》亦对“配租”作出了明确约定及解释。可见，民科公司、廖某双方对于《安居房配租协议书》无效均存在过错,应就对方损失承担50%的赔偿责任。

根据无效合同的处理原则,双方当事人依据合同取得的财产应当相互返还,即廖某应当将涉案房产返还给民科公司,并支付占有房产期间的占有使用费,民科公司应当将已收取的购房款款项返还给廖某,并支付占有期间的利息。

关于房屋装修损失,民科公司应向廖某赔偿固定装修部分造价50%的损失。

相关规定

《中华人民共和国民法典》

第一百五十七条　民事法律行为无效、被撤销或者确定不发生效力后,行为人因该行为取得的财产,应当予以返还;不能返还或者没有必要返还的,应当折价补偿。有过错的一方应当赔偿对方由此所受到的损失;各方都有过错的,应当各自承担相应的责任。法律另有规定的,依照其规定。

《深圳市保障性住房条例》

第四十一条第一款　购买的保障性住房在取得完全产权前不得转让、出租、抵押,但为购买本套保障性住房而向银行设定的抵押除外。

《深圳市人才安居办法》

第二十五条第二款　实行定向配租(售)的住房由承租(买受)单位负责日常管理。承租(买受)单位只能出租给本单位在本市未拥有商品住房或者政策性住房的职工。

86. 人才安居房买卖合同无效，一方能否向另一方主张房屋增值损失？

裁判规则

安居房买卖合同无效，一方不能要求另一方赔偿房屋增值损失。

案号索引

广东省深圳市中级人民法院(2020)粤03民终18606号民事判决书

案情简介

2015年10月29日，民科公司与廖某签署《安居房配租协议书》，约定将民科公司本次申购取得的安居房×××园×栋×座×室(面积89.55平方米，以人民币806,140元的价格)一套，房屋永久使用权配租给廖某。

2018年5月8日，涉案房产办理了转移登记，权利人由民科公司变更为深圳市龙华区住房和建设局。

民科公司、廖某于庭审中均确认，双方签署《安居房配租协议书》时，廖某为民科公司员工，涉案房产由廖某自2015年12月25日入住至今。后民科公司向法院起诉，请求确认民科公司、廖某签订的《安居房配租协议书》无效，并要求廖某赔偿房屋增值损失。

法院观点

广东省深圳市中级人民法院认为：涉案房产为保障性住房，只能出租给买受单位在本市未拥有商品住房或者政策性住房的职工，民科公司、廖某就买卖涉案房产而签署的《安居房配租协议书》为无效合同，双方均不能基于该无效合同而获利，且双方对于合同无效均存在过错，民科公司诉请廖某赔偿该房屋的增值部分，于法无据，法院不予支持。

相关规定

《中华人民共和国民法典》

第一百五十七条　民事法律行为无效、被撤销或者确定不发生效力后，行为人因该行为取得的财产，应当予以返还；不能返还或者没有必要返还的，应当折价补偿。有过错的一方应当赔偿对方由此所受到的损失；各方都有过错的，应当各自承担相应的责任。法律另有规定的，依照其规定。

87. 买卖房改房，办证需补交的地价款等房屋差价款由谁承担？

裁判规则

买卖房改房，税金和补交的土地出让金双方按合同约定承担，合同没有约定的，按照法律规定承担，办证需补交的地价款等房屋差价款不属于过户手续费用，在双方未约定的情况下，应由卖方自行承担。

案号索引

广东省云浮市中级人民法院（2021）粤53民终1507号民事判决书

案情简介

2019年8月12日，宋某（卖方）与左某、陈某（买方）就涉案房屋买卖签订《房地产买卖合同》，约定：宋某拟将邮电局宿舍楼第×层×2号的房地产转让给左某、陈某。后云浮市住房和城乡建设局向宋某开具《现金交款单》，示意涉案房屋及柴房为房改房，其上市转让需补交房屋差价。买卖双方对于需补交的差价由谁支付存在争议，买方诉至法院。

法院观点

广东省云浮市中级人民法院认为：《房地产买卖合同》为双方自愿签订，是双方的真实意思表示，内容没有违反法律法规的强制性规定，为有效合同。根据云浮市住房和城乡建设局向一审法院出具的第一份复函可知，宋某拥有两套政策性住房（云浮市××路××号邮电局宿舍楼第×层×2号房及首层×2号柴房、罗桂桥生活区××幢×4号房），根据粤办发〔1994〕14号文件第3条"在原地工作以及在同一市、县范围内调动工作的县（处）级以上干部，已按优惠价购买了公有住房后，不得按房改优惠价再换购住房。如已换购的，必须全部按购房当年商品价补交房价款"以及云府〔1999〕28号文件第14条的规定，宋某申请云浮市××路××号邮电局宿舍楼第×层×2号房及首层×2号柴房上市，必须向原产权单位中国电信股份有限公司云浮分公司（原云浮市邮电局）的住房基金专户补交房屋差价款68,070.07元。

宋某抗辩该68,070.07元房屋差价款属于过户手续费用、税费，应由左某、陈某负担。一审法院认为，该68,070.07元房屋差价款系因宋某拥有两套政策性住房的个人原因产生的缴交义务，区别于普通的产权过户手续费用、税费，《房地产买卖合同》并无明确约定该费用应由左某、陈某负担，本案中亦并无证据证实宋某曾在签订合同前告知左某、陈某其拥有两套政策性住房,左某、陈某在签订合同时难以预见该费用,宋某要求左某、陈某缴交该款项,显然不公平,故对于宋某的该抗辩意见,一审法院不予采纳。

补交房屋差价款属于涉案房改房上市交易审批程序中的必经环节,否则未经审批许可,宋某对涉案房屋及柴房不能完全处分。根据左某、陈某与宋某签订的《房地产买卖合同》第5条约定,"甲方保证上述房地产没有产权纠纷和财务纠纷或其他权利限制。若发生买卖前即已存在任何权利纠纷或权利障碍的,概由甲方负责处理,并承担相应法律责任,由此给乙方造成经济损失的,由甲方负责赔偿",宋某须向左某保证涉案房屋在转让前没有权利限制或财务纠纷,故该68,070.07元的房屋差价款应当由宋某负责缴交。

涉案房屋差价款是由于宋某将房改房出售而需要向原产权单位补交的购房款,该款项是因宋某与房屋原产权单位之间的房改房买卖合同关系而产生的,不属于宋某与左某、陈某签订的《房地产买卖合同》中约定的办理过户手续费用,该房屋差价款应由宋某自行承担。

相关规定

《财政部、国家税务总局关于房改房用地未办理土地使用权过户期间城镇土地使用税政策的通知》

应税单位按照国家住房制度改革有关规定,将住房出售给职工并按规定进行核销账务处理后,住房用地在未办理土地使用权过户期间的城镇土地使用税征免,比照各省、自治区、直辖市对个人所有住房用地的现行政策执行。

相反案例

【裁判规则】房改房上市出售时，买卖双方未约定时，由购房者缴纳土地出让金。

【法院观点】在（2022）湘0105民初3081号案件中，湖南省长沙市开福区人民法院认为：周某（卖方）与危某（买方）签订协议，危某向周某支付前期购房款，周某将房屋交给危某使用，周某取得房产证后，危某未付清购房款并拒绝办理过户手续，周某遂提起诉讼，法院作出（2000）开民初字第153号民事判决书，认定危某提出房改房、合同未公证等不履行合同的抗辩理由不能成立，判决购房合同继续履行，危某支付购房款。该判决经强制执行后履行完毕。合同约定危某自理费用，但没有明确税金和土地出让金的承担问题，对于未约定或约定不明的税金和出让金应按照法律法规进行承担，其中契税、印花税依法应由购房者承担，个人所得税依法应由售房者承担。案涉房屋为房改房，根据《已购公有住房和经济适用住房上市出售土地出让金和收益分配管理的若干规定》的规定，土地出让金应由购房者承担。

第四章

中介居间裁判规则

88. 居间人隐瞒买卖双方的购房意愿，以自己名义向卖方购买房屋并转卖给买方赚差价的，是否构成违约？应承担何种责任？

裁判规则

居间人向卖方隐瞒买卖双方的购房意愿，以自己名义向卖方购买房屋并转卖给买方意图赚取差价的，构成违约，未促成买卖双方签订合同的，应该返还已收取费用并支付利息损失。

案号索引

广东省深圳市中级人民法院(2021)粤03民终27184号民事判决书

案情简介

何某作为居间人，为金某(买方，委托人)购买封某(卖方)房屋提供居间，何某向封某隐瞒事实并以自己的名义购买房屋再转卖给金某意图赚取差价，金某发现后将其起诉至法院。要求解除《融资居间服务合同》，退还保证金、定金、首付款及利息。

法院观点

广东省深圳市中级人民法院认为：本案系居间合同纠纷。《中华人民共和国合同法》第425条[①]、第427条[②]规定，居间人应当就有关订立

---

① 已失效，对应《中华人民共和国民法典》第962条。
② 已失效，对应《中华人民共和国民法典》第964条。

合同的事项向委托人如实报告;居间人故意隐瞒与订立合同有关的重要事实或者提供虚假情况,损害委托人利益的,不得要求报酬并应承担损害赔偿责任;居间人未促成合同成立的,不得要求报酬。本案中,根据双方签订的涉案《融资居间服务合同》及双方之间的微信聊天记录,金某系要通过何某的居间服务向封某购买房屋并办理按揭贷款,金某并无向何某购买房屋的意思表示,金某支付的相关购房定金、首付款、费用等均系为履行金某与封某之间房屋买卖合同而提前支付的款项。何某在履行涉案《融资居间服务合同》的过程中,采取欺瞒的形式以自己的名义向封某购买房屋后再转卖给金某,意图赚取差价,何某的行为严重违反了居间人应如实报告、居中促成合同订立、不得损害委托人利益的义务,何某的行为构成违约。在何某未予完成涉案《融资居间服务合同》中约定的促成金某与封某订立房屋买卖合同及与第三方订立贷款合同的情况下,原审判令何某向金某返还已收取的购房定金、首付款及资金占用期间利息等相关费用正确,法院予以维持。

相关规定

《房地产经纪管理办法》(2016修正)

第二十五条　房地产经纪机构和房地产经纪人员不得有下列行为:

(一)捏造散布涨价信息,或者与房地产开发经营单位串通捂盘惜售、炒卖房号,操纵市场价格;

(二)对交易当事人隐瞒真实的房屋交易信息,低价收进高价卖(租)出房屋赚取差价;

(三)以隐瞒、欺诈、胁迫、贿赂等不正当手段招揽业务,诱骗消费者交易或者强制交易;

（四）泄露或者不当使用委托人的个人信息或者商业秘密，谋取不正当利益；

（五）为交易当事人规避房屋交易税费等非法目的，就同一房屋签订不同交易价款的合同提供便利；

（六）改变房屋内部结构分割出租；

（七）侵占、挪用房地产交易资金；

（八）承购、承租自己提供经纪服务的房屋；

（九）为不符合交易条件的保障性住房和禁止交易的房屋提供经纪服务；

（十）法律、法规禁止的其他行为。

《中华人民共和国民法典》

第九百六十二条　中介人应当就有关订立合同的事项向委托人如实报告。

中介人故意隐瞒与订立合同有关的重要事实或者提供虚假情况，损害委托人利益的，不得请求支付报酬并应当承担赔偿责任。

第九百六十四条　中介人未促成合同成立的，不得请求支付报酬；但是，可以按照约定请求委托人支付从事中介活动支出的必要费用。

同类案例

在（2019）粤19民终9242号案件中，广东省东莞市中级人民法院认为：日诚公司是促成案涉交易的居间人，作为出卖人的潘某、张某与作为买受人的刘某1均为委托人。日诚公司作为居间人，就有关订立合同的事项有向委托人如实报告的义务。买受人刘某1既是居间人日诚公司股东,又与日诚公司法定代表人刘某2同一户籍,显然刘某1与日诚公司之间存在直接利害关系,两方的利益应该是一致的。如果上述信息未向潘某、张某(出卖人)披露,在信息不对称的情况下,显然对于潘某、张某就案涉房屋的出卖作出意思表示时会产生重大影响……因此,案涉《房屋买卖及居间合同》中,居间人与其中一方委托人存在共同利益,因而实质就是双方合同,而不是三方合同。潘某、张某在《房屋买卖及居间合同》上签名,并非其真实意思表示。

综上所述,日诚公司、刘某1在与潘某、张某订立《房屋买卖及居间合同》《附加合同》时存在恶意串通行为,损害了潘某、张某的合法权益。依据《中华人民共和国民法总则》(已失效)第143条、第154条规定,《房屋买卖及居间合同》《附加合同》均属于无效合同。刘某1请求潘某、张某继续履行2018年3月31日订立的《房屋买卖及居间合同》,并协助办理案涉房屋过户手续,其理由不充分,法院不予支持。

89. 中介公司未如实告知房产评估价,导致买方签合同后无能力履行而造成损失的,是否应当承担赔偿责任?

裁判规则

中介公司有义务如实向买方告知房产评估价,若违反前述义务的,中介公司应当在自己过错的范围内对买方的损失承担赔偿责任,并且买方无须支付居间服务费。

案号索引

广东省高级人民法院(2019)粤民申1505号民事裁定书

案情简介

2015 年 4 月 30 日，谢某（买方）与案外人韦某（卖方）就涉案深圳市南山区某房产达成合意，签订二手房买卖合同及资金托管协议。谢某同时签订佣金支付承诺书，承诺就中某公司提供的居间服务，于签署《深圳市二手房买卖合同》前向中某公司支付佣金 92,880 元，“如因本人过错或违约，致买卖双方未能签订《深圳市二手房买卖合同》，本人仍需向中某公司支付相当于买卖双方总佣金金额的违约金”。

后涉案房产买卖合同未能履行，经已生效的（2016）粤 0305 民初 5691 号民事该判决书、（2016）粤 0305 民终 23391 号民事裁定书裁判：本案谢某未在合同约定的 2 日内支付定金 23 万元，经中某公司催告后仍未支付，谢某违约导致涉案房产买卖合同解除，应承担违约责任。

谢某认为中某公司员工对房产评估价存在虚假承诺，导致对谢某签署涉案房产合同产生严重的误导，致其违约，中某公司应当赔偿谢某损失 4 万元。

法院观点

广东省高级人民法院认为：谢某提交的其与中某公司经纪人唐某的谈话录音显示，谢某责怪唐某告诉谢某评估价没问题，是乱承诺，导致现在还差 100 多万元，唐某认可“这个问题可能我们引导有些问题”，中某公司虽然不认可该谈话录音，但明确表示对谈话录音不申请鉴定，故法院采信该证据。法院认为，从上述谈话内容来看，中某公司经纪人唐某确有在涉案房产的评估价方面对谢某作出虚假的陈述，导致谢某与韦某签订涉案房屋买卖合同而无能力履行。根据《中华人民共和国民法典》的规定，中某公司无权要求谢某支付佣金，还应赔偿谢某因不能履行房屋买卖合同而向韦某支付的违约金 4 万元。

相关规定

《中华人民共和国民法典》

第九百六十二条　中介人应当就有关订立合同的事项向委托人如实报告。

中介人故意隐瞒与订立合同有关的重要事实或者提供虚假情况，损害委托人利益的，不得请求支付报酬并应当承担赔偿责任。

90. 中介公司未核实房产状况，导致买方按揭贷款年限缩短，无力承担月供金额，是否应当向买方承担赔偿责任？

裁判规则

中介公司有义务核实房产状况并如实报告，若违反前述义务给交易方造成损失的，存在过错，应当承担部分赔偿责任。

案号索引

广东省深圳市中级人民法院(2021)粤03民终1297号民事判决书

案情简介

2020年3月，罗某(卖方)与杨某(买方)、中某公司(居间方)签订《二手房买卖及居间服务合同》，约定罗某将其所有的位于盐田区某房产转让给杨某，转让成交价为3,330,000元，杨某在合同生效当日向罗某支付定金10,000元。

中某公司从未向杨某出示过涉案房产的产权证书等重要资料，导致杨某在签完合同付完定金之后，向银行申请房屋按揭贷款时才得知涉案房产只有50年使用年限(1985年3月5日至2035年3月4日)，导致杨某只能得到16年按揭贷款年限而无法获批30年按揭贷款，杨某无力承担16年贷款年限的月供金额，故在合同约定付款日前未能支付购房款。

罗某于2020年5月26日向杨某、中某公司发出《解除合同通知书》，该通知书于2020年5月28日送达杨某及中某公司，并没收了杨某的定金40,000元。

杨某遂向法院起诉请求中某公司向杨某赔偿经济损失40,000元并支付逾期付款利息。

法院观点

广东省深圳市中级人民法院认为：本案中，中某公司未举证证明其已将房产情况如实告知杨某，根据《中华人民共和国民事诉讼法》第64条第1款、《最高人民法院关于适用〈中华人民共和国民事诉讼法〉的解释》第90条第2款的规定，中某公司应当承担未如实报告的责任；杨某作为购房者，其在未核实房产使用权限等重要信息的情况下签订合同并支付定金，对房屋买卖合同未能履行负有疏忽大意的过失。综合本案证据，法院酌定中某公司对杨某被没收的40,000元定金损失承担50%的责任，即中某公司向杨某赔偿20,000元，杨某自行承担50%的责任。

相关规定

《中华人民共和国民法典》

第九百六十二条　中介人应当就有关订立合同的事项向委托人如实报告。

中介人故意隐瞒与订立合同有关的重要事实或者提供虚假情况，损害委托人利益的，不得请求支付报酬并应当承担赔偿责任。

91. 买方实际购买的房子与中介公司带看的房子不一致，仅为同户型，买方是否有权要求中介公司承担赔偿责任？

裁判规则

买方实际购买的房子与中介公司带其看的房子不一致，仅为同户型，买方有权不支付居间服务费，并要求中介公司对其损失承担赔偿责任。

案号索引

广东省深圳市中级人民法院（2020）粤03民终16921号民事判决书

案情简介

2018年4月21日晚，中某公司的业务员李某带汪某到深圳市龙岗区看房，但所看房屋系涉案房屋隔壁同户型的房子。

同日，在中某公司的居间下，汪某作为买方与案外人罗某（卖方）签订了《二手房买卖及居间服务合同》，中某公司主张汪某与中某公司签订了《佣金支付承诺书》，约定汪某向中某公司支付佣金32,500元（人民币，下同）。

2018年4月22日，中某公司业务员李某向汪某提出重新带其看房，因2018年4月21日晚带其所看房屋并非涉案房屋。汪某自此得知涉案房屋并非其当晚所看房屋，并拒绝再次看房。后中某公司业务员李某通过微信向汪某提出减少佣金以解决问题，但后续双方并未就佣金支付达成一致。

汪某遂向法院起诉要求中某公司赔偿汪某定金损失2万元以及利息，并且自己无须支付居间服务费。

法院观点

广东省深圳市中级人民法院认为：中某公司与汪某之间形成居间合同关系，《中华人民共和国合同法》第425条①规定："居间人应当就有关订立合同的事项向委托人如实报告。居间人故意隐瞒与订立合同有关的重要事实或者提供虚假情况，损害委托人利益的，不得要求支付报酬并应当承担损害赔偿责任。"根据上述规定，中某公司作为居间方，有义务向汪某就带看与订立房屋买卖合同的相关事项如实报告，其工作人员明知带汪某所看房屋与促成汪某与案外人签订买卖合同的房屋并非同一房屋，却不将相关事项告知汪某，并提供虚假信息，导致汪某错误认识，签订了相关合同，中某公司的行为属于上述规定中的"居间人故意隐瞒与订立合同有关的重要事实或者提供虚假情况，损害委托人利益的"情形，其不得要求支付报酬并应当承担损害赔偿责任。原审法院判决汪某无须支付居间服务费，并由中某公司赔偿汪某定金损失并支付利息，处理适当，中某公司上诉要求不予赔偿的理由不能成立，法院不予支持。

---

① 已失效，对应《中华人民共和国民法典》第962条。

相关规定

《中华人民共和国民法典》

第九百六十二条　中介人应当就有关订立合同的事项向委托人如实报告。

中介人故意隐瞒与订立合同有关的重要事实或者提供虚假情况，损害委托人利益的，不得请求支付报酬并应当承担赔偿责任。

92. 中介公司未及时告知或详细解读相关政策法规，导致交易方受到损失的，是否应当对该损失承担赔偿责任？

裁判规则

中介公司未及时告知或详细解读相关政策法规，导致交易方受到损失的，存在过错，应当对该损失承担部分赔偿责任。

案号索引

广东省深圳市中级人民法院(2019)粤03民终24524号民事判决书

案情简介

2016年9月27日，经中某公司（中介公司）居间介绍，胡某（买方）与案外人何某（卖方）就转让位于广东省深圳市龙岗区某房产签订《深圳市二手房买卖合同》，买卖双方就涉案房产的交易价格、付款方式、过户时间等作出了明确约定。

同日,中某公司、胡某与案外人何某签订了《资金托管协议》,约定胡某与案外人何某同意将定金70,000元(含交楼押金30,000元)交由中某公司托管。案外人何某向中某公司出具了《佣金支付承诺书(卖方)》,约定佣金为30,000元。胡某向中某公司出具了《佣金支付承诺书(买方)》,约定佣金为77,520元,并约定:如因本人过错或违约,致买卖双方未能签订《深圳市二手房买卖合同》,本人仍需向中某公司支付相当于买卖双方总佣金金额的违约金。

2016年10月,深圳市出台并实施《关于进一步促进我市房地产市场平稳健康发展的若干措施》,措施内容如下:"为贯彻落实国家房地产调控要求,增加住房供应,规范市场秩序,进一步促进我市房地产市场平稳健康发展,现提出措施如下:……四、能提供自购房前五年及以上在本市连续缴纳个人所得税或社会保险证明的非本市户籍居民家庭,限购一套住房……"

2016年10月8日,深圳市规划国土委作出《关于落实〈关于进一步促进我市房地产市场平稳健康发展的若干措施〉的会议纪要》,根据该会议纪要第3条关于限购历史遗留问题:结合既往做法,下列情形按原限购政策办理,但购房时在本市连续缴纳个人所得税或社会保险未满3年的除外:……(二)未网签房地产买卖合同或者网签预售商品房认购书,但2016年10月4日(含10月4日)之前已为购房支付相关费用,且于2016年12月31日(含12月31日)之前提供下列证明材料之一,申请房地产登记或者预售合同备案的:1.买方向卖方支付购房定金、部分或全部房款(不含现金支付)的银行转账有效凭证(POS机购房签购单、购房转账单等);2.购房资金监管协议及支付相应费用的银行转账有效凭证。

另查,胡某在深圳首次参保时间为2013年6月,签订上述《二手房买卖合同》时参保尚不满5年。

胡某称并不了解会议纪要内容,中某公司也未向胡某出具并讲解过该份会议纪要，其一直不知晓自己具有购房资格，只知道因该限购政策的出台，将非深户籍的购房社保年限资格由3年提高至5年，导致其丧失购房资格。

2016年12月30日，胡某与案外人何某签订《解除〈二手房买卖合同〉及〈资金托管协议〉协议书》，该协议书载明现因胡某违约，胡某支付给案外人何某的违约金为129,000元，胡某遂向人民法院起诉要求中某公司赔偿其损失129,000元并支付相关利息。

法院观点

广东省深圳市中级人民法院认为：首先，在胡某与案外人何某协商交易期间，深圳市房地产限购限贷政策存在阶段性及变化快的特点，新政出台前后所签订的房屋买卖合同涉及较为复杂的执行细则，不容易为一般的交易主体全面掌握，而中某公司作为具备一定经营规模的专业性房地产经纪公司，理应具备更为专业的知识经验及更广的信息渠道，但限购限贷政策作为公开信息，政策出台后经各种媒体多方报道，购房者亦可以获取相应的信息。其次，本案中，虽无证据证明中某公司参与了胡某与何某协商解除房屋买卖合同的过程，但胡某作为普通的购房者且其部分定金已托管在中某公司处，基于生活经验法则，其在限购政策发生变化后必然有征询中某公司的意见并寻求相关的协助，而中某公司未能证明其已履行向胡某全面告知并详细解读相关政策法规的居间合同义务，故应承担相应的不利后果。最后，胡某作为普通的购房者，涉案房产的买卖是其个人的大额交易，在限购政策出现变化的情况下，其个人应循公开信息渠道进一步了解限购政策的具体执行细则，以充分保障其自身合同权益，而其在本案所提供的证据未能证明其已履行相应的谨慎注意义务，亦应承担相应的不利后果。基于上述分析，双方对涉案定金损失的产生均具有过错，经综合衡量，法院认为双方各承担一半的责任更为适宜，即中某公司应向胡某赔偿损失64,500元（129,000元×

50%);一审法院对此处理欠缺妥当,法院予以纠正。一审判令中某公司应向胡某支付赔偿金额所对应的利息损失,并无不当,法院予以维持。

相关规定

《中华人民共和国民法典》

第九百六十二条　中介人应当就有关订立合同的事项向委托人如实报告。

中介人故意隐瞒与订立合同有关的重要事实或者提供虚假情况,损害委托人利益的,不得请求支付报酬并应当承担赔偿责任。

同类案例

【案例一】在(2018)粤03民终13619号案件中,广东省深圳市中级人民法院认为:中某公司与李某签署《佣金支付承诺书(买方)》系双方的真实意思表示,并未违反法律法规的强制性规定,故该《佣金支付承诺书(买方)》合法有效。根据本案查明的事实,李某在签订涉案二手房买卖合同时明知其无购房资格,在其无证据证明中某公司对其存在欺诈、胁迫等行为的情况下,其作为完全民事行为能力人,应当对签订涉案二手房买卖合同及居间合同的行为自行承担责任。但中某公司作为专业房地产经纪公司,对此应具备更为专业的知识经验,也有义务向买卖主体全面告知并详细解读相关政策规范,此为居间人向委托人报告交易机会、提供媒介服务过程中的应尽义务,中某公司未适当履行上述义务,对买卖双方未完成最终交易同样存在过错。在中某公司也存在过错的情况下,其请求李某支付相当于居间方严格履行整改是居间服务后方可获得的全部佣金费用的等额违约金198,000元,有悖公平原则,法院不予支持。……在双方当事人均存在过错的基础上,法院酌定李某仅对其在《佣金支付承诺书(买方)》中承诺向经纪方支付的佣金50,000元承担违约责任。

【案例二】在(2022)浙0203民初2306号案件中,浙江省宁波市海曙区人民法院认为:好某公司作为中介人,就中介活动不仅负有忠实义务,还负有尽力义务。根据甬建发〔2021〕41号文件规定,对于非本市户籍居民家庭申请购买限购区域内新建商品住房或二手住房的,应当提供自购房之日起前3年内在本市连续缴纳24个月及以上且无补缴记录的社会保险缴纳证明。对于该规定,作为购房人的丁某以及作为中介人的好某公司均应当知晓。丁某在《宁波市存量房屋买卖合同》中承诺其符合购房资质,现丁某因不符合购房资质而无法履行《宁波市存量房屋买卖合同》,其相对于第三人俞某存在违约行为毋庸置疑。但是被告好某公司作为专业的房地产中介服务机构,在提供专业的房屋中介服务时,应尽到必要的审核和告知义务,如核实房源信息、核实买房人的身份信息及购房资格、告知当地发布的相关购房政策、判断交易过程中的合理性等,并应就自己掌握的信息向购房人进行充分说明,针对购房过程中的实际情况作出善意的提醒和诚实的建议,以促成有效的交易。本案中,被告好某公司在提供中介服务过程中,已明确知晓原告丁某不具备宁波市户籍,需提供自购房之日起前3年内在本市连续缴纳24个月及以上且无补缴记录的社会保险缴纳证明,才符合购房资格。被告在服务过程中仅询问了原告社保有无中断,并未询问原告社保有无补缴情形,查询过程中被告虽然查看了原告手机支付宝中的社保缴纳记录,但支付宝中的社保缴纳记录未能显示原告社保有补缴情况,被告作为专业的中介服务机构,对于电子信息与实际信息可能存在不一致的情形,应当具有一定的预判能力,但其未能预见该情形,亦未对原告进行合理的提醒,反而促成原告与第三人签订协议,未能尽到忠实、尽力义务,对于本案损失的形成具有一定的过错。虽然被告之后曾建议原告通过落户宁波的方式取得购房资格,但落户的相关政策在双方签订合同时即已存在,落户涉及原告户籍性质变更,原告也未在购房时选择通过落户方式取得购房资质，且落户手续办理时间亦具有一定的不确定性，故不能认为被告已经采取了有效的补救措施。同时，原告丁某作为购房人对自己是否具有购房资质亦具有审慎的注意义务，原告在签订涉案合同时未能谨慎核实其社保是否存在补缴情形，导致其因不具备购房资质而无法履行合同，自身亦存在过错，故应自行承担部分损失。法院根据双方过错程度，酌情认定由被告承担原告损失的40%，由原告自行承担损失的60%。

93. 中介公司未仔细审查交易双方的授权手续，给交易一方造成损失的，是否应当承担赔偿责任？

裁判规则

中介公司有义务审查交易双方是否具有买卖房屋的代理权，并如实告知交易双方，若违反前述义务对交易双方造成损失的，应当在自己的过错范围对交易双方的损失承担赔偿责任。

案号索引

广东省深圳市中级人民法院(2019)粤03民终29265号民事判决书

案情简介

2015年3月30日，李某伯(卖方的父亲)代理李某(卖方)在中某公司(中介公司)工作人员的居间下与江某(买方)签订《二手房买卖合同》《资金托管协议》等文件，购买深圳市福田区某房产。同日，李某伯、江某及中某公司签订《资金托管协议》。《二手房买卖合同》签订时，中某公司作为居间方对李某伯代理权限的审查。

2015年3月30日，李某伯与江某还签订了《卖方代理人签署二手房买卖合同协议》(以下简称《卖方代理人协议》),该协议载明:(1)原合同是由卖方代理人(本案李某伯)签署,李某伯承诺已经告知卖方(案外人李某)原合同的所有条款,并承诺李某已经知晓,如李某不履行原合同的所有条款内容,李某伯承担双倍返还买方江某定金及原合同所有违约条款的违约责任;(2)李某伯承诺李某应于2015年4月15日内在原合同上补加签字。如李某不签或逾期不签,卖方代理人承担双倍返还买方定金及原合同所有违约条款的违约责任。卖方代理人处有李某伯的签名及捺印,买方处有江某的签名及捺印。

三方均确认中某公司作为居间方知晓涉案房产的产权人为案外人李某,李某伯系案外人李某的父亲,涉案房产《二手房买卖合同》签订时,产权人李某正在美国。

中某公司在《二手房买卖合同》签订当天即用电子邮件发给身在美国的李某,请求李某对《二手房买卖合同》予以追认,14日后,李某伯以两条手机短信方式告知中某公司,因办理离婚,房屋无法出售。

2015年8月17日,法院作出判决,解除江某与李某伯签订的《二手房买卖合同》,并且李某伯应当向江某返还定金95万元。

李某伯遂向人民法院起诉请求中某公司赔偿李某伯损失95万元。李某伯在庭审过程中提交了由案外人李某出具的《授权委托书》,该委托书记载,兹授权李某伯同志办理深圳市福田区另一房产房屋租赁合同签订登记等手续,并作为委托代理人签订合同。

法院观点

广东省深圳市中级人民法院认为:李某伯与案外人江某签订《二手房买卖合同》时,未出示房屋权利人李某出具的有关出售涉案房产的《授权委托书》。中某公司主张在《二手房买卖合同》签订时已获得李某确认同意出售涉案房产,李某对此不予认可。综合中某公司提交的相关证据,其一,中某公司在买卖合同签订当日曾通过电子邮件将合同版本发送给李某，但李某未表示其对该合同予以追认；其二，在买卖合同签订当日，李某主张其并不知晓父亲李某伯已作为代理人签署合同并将房产出售，中某公司也未能提交证据证明该公司将此情况告知李某；其三，中某公司主张该公司业务员林某曾通过电话与李某进行沟通，但未能提交证据证明李某在通话过程中表示同意出售涉案房产。

法院认为，上述证据无法达到高度盖然的证明标准以认定中某公司在促成李某与买方江某签署《二手房买卖合同》时房屋权利人李某已明确表示同意出售涉案房产。中某公司在其并不知晓李某是否经过授权出售房产的情况下，作为熟悉房地产交易法律法规的专业居间机构，在《二手房买卖合同》签署过程，以及向李某伯提供《卖方代理人协议》打印文本时，应当秉持诚实信用的原则，根据李某伯的年龄、代理人身份等情况，更为详尽地对房地产交易流程以及责任承担等问题进行解释说明。亦应同时将房屋产权人是否授权的情况如实告知买方江某。由于居间方未能履行上述义务，导致买卖双方遭受损失，法院认为中某公司应当承担相应的损害赔偿责任。

考虑到李某伯在签署《二手房买卖合同》及《卖方代理人协议》时，也未能尽到完全审慎注意义务，存在一定过错，法院酌情认定中某公司向李某伯承担50%即47.5万元的赔偿责任。

相关规定

《中华人民共和国民法典》

第九百六十二条　中介人应当就有关订立合同的事项向委托人如实报告。

中介人故意隐瞒与订立合同有关的重要事实或者提供虚假情况，损害委托人利益的，不得请求支付报酬并应当承担赔偿责任。

同类案例

在(2020)京民申802号案件中,北京市高级人民法院认为:本案中,链某公司与刘某、王某签订居间合同并收取了居间服务费,应当尽到相应的居间义务。但其未对王某委托手续、房屋产权情况进行充分核实,未尽到勤勉义务,在提供居间服务过程中存在重大瑕疵,因此给刘某造成的损失应当承担相应赔偿责任。

关于赔偿数额问题,刘某以(2012)朝民初字第08427号判决确定的数额经强制执行后仍不能清偿的部分作为赔偿损失的依据,因上述损失是刘某被王某欺骗所产生,其要求链某公司全部赔偿,缺乏合法依据。链某公司承担的赔偿责任,应与其提供的居间服务瑕疵及法律后果相当。一审、二审法院综合本案实际情况酌情确定的赔偿数额,亦属合理。

94. 中介公司未告知房屋学位使用情况,给买方造成损失的,是否应当返还居间服务费?

裁判规则

中介公司有义务如实告知买方涉案房屋学位使用情况,若违反前述义务给买方造成损失的,无权收取居间服务费。

案号索引

广东省广州市中级人民法院(2018)粤01民终18958号民事判决书

案情简介

2017年4月17日,谢某、陈某(买方)与乐某公司(居间方)、尚某、庞某(卖方)签订了《广州市二手房买卖及居间服务合同》,约定买卖双方交易的房地产位于广州市海珠区某房产，定金为50,000元，买方同意在本合同签订时向卖方支付定金50,000元。同日，谢某、陈某向乐某公司支付佣金31,150元。

谢某、陈某向一审法院起诉庞某、尚某，请求判令解除房屋买卖合同并要求双倍返还购房定金。

2017年12月6日，一审法院作出(2017)粤0105民初5008号案判决：解除涉案房屋买卖合同并判令卖方双倍返还定金10万元。

2018年5月22日，广州市中级人民法院作出(2018)粤01民终3999号民事判决，法院认为：涉案房屋是否具备学位、学位是否可为买受人使用等，均为影响涉案房屋交易价格、交易意向的重要信息，作为出卖人，庞某、尚某负有向买受人如实披露与房屋交易有关信息的义务。但庞某、尚某没有证据证明其二人在涉案《广州市二手房买卖及居间服务合同》签订前已将涉案房屋附属学位的占用情况如实告知谢某、陈某，致使双方在合同签订后因学位被占用的问题产生争议，且因双方未能就学位被占用的问题达成合意导致合同未能继续履行，一审法院认定涉案房屋买卖合同未能继续履行的责任在于庞某、尚某并无不当。

谢某、陈某遂向人民法院起诉，要求乐某公司返还居间服务费并赔偿律师费损失。

法院观点

广东省广州市中级人民法院认为：涉案房屋是否具备学位、学位是否可为买受人使用等，均为影响涉案房屋交易价格、交易意向的重要信息，作为居间人，乐某公司负有向谢某、陈某如实报告与房屋交易有关信息的义务。据卖方尚某、庞某提交的聊天记录内容可认定，乐某公司在尚某、庞某放售涉案房屋时，对尚某、庞某要使用涉案房屋对口学校学位的事实已知情，但未如实告知谢某、陈某，损害了谢某、陈某利益，这也是导致谢某、陈某与尚某、庞某房屋买卖合同解除的主要原因。故谢某、陈某要求乐某公司返还佣金31,150元合法有理。

关于谢某、陈某主张乐某公司赔偿律师费损失50,000元的问题。谢某、陈某为自己诉讼需要聘请律师属自身行为,律师费并非诉讼的必要费用,故谢某、陈某要求乐某公司赔偿律师费损失50,000元,理据不成立,一审法院不予支持,处理并无不当。

相关规定

《中华人民共和国民法典》

第九百六十二条　中介人应当就有关订立合同的事项向委托人如实报告。

中介人故意隐瞒与订立合同有关的重要事实或者提供虚假情况,损害委托人利益的,不得请求支付报酬并应当承担赔偿责任。

95. 中介公司配合提供虚假证件,导致买方房贷未审批通过无力付款,中介公司是否应当承担违约责任?

裁判规则

中介公司配合提供虚假证件,导致买方的房贷未审批通过以及无力支付购房款,中介公司应当与买方各承担50%的违约责任。

案号索引

内蒙古自治区高级人民法院(2019)内民申3381号民事裁定书

案情简介

2018年8月14日，霍某（卖方）与刘某（买方）签订《房屋买卖（转让）合同》，约定刘某购买霍某位于赤峰市某房产，总价款为825,000元，刘某应于当日交付霍某定金20,000元，于房屋过户当日交付首付款150,000元，其余655,000元办理按揭贷款；同时约定，双方应保证所提供贷款资料的真实性，如因虚假造成贷款无法办理或迟延办理的责任由违约方承担；如应当在15日内将剩余房款一次性支付给霍某。如刘某未按合同约定付款，每逾期一日，按照每日500元支付违约金，逾期达15日以上的，即视为买方不履行合同，卖方有权解除合同要求卖方归还该房产，买方承担此次交易中双方的全部契税，并向卖方支付该房屋交易总价款10%的违约金。同日，刘某与我某公司签订了《二手房贷款申请代理合同》，约定刘某委托我某公司代为办理房屋贷款。上述合同签订后，刘某按照合同约定交纳了定金20,000元、首付款150,000元，霍某分别为其出具了收款收据。

2018年9月5日，霍某为刘某办理了房屋所有权变更登记。

2018年9月末，刘某因向银行提供了虚假结婚证明而被驳回了贷款申请，对于刘某提供虚假结婚证明的行为，我某公司事前已知晓但未告知霍某。

因刘某在批贷被拒后未通过其他方式支付剩余购房款，霍某遂向人民法院起诉要求解除双方签订的《房屋买卖（转让）合同》、返还案涉房屋并承担违约责任，并要求我某公司对刘某应当承担的前述责任承担连带责任。

法院观点

内蒙古自治区高级人民法院认为：刘某上诉主张认为我某公司作为居间方在隐瞒与订立合同有关的重要事实，提供虚假情况损害了委托人利益的情况下,应承担相应的赔偿责任。本案中,刘某向银行申请的贷款因提供虚假证件而未予审核通过,刘某主张贷款所需要的收入证明、工资流水及结婚证均是我某公司提供,均是虚假的,我某公司辩称只提供了收入证明、工资流水,未提供虚假的结婚证,因银行贷款未予审核通过的原因是结婚证是假的,所以不应承担责任,对于结婚证是虚假的事实,我某公司认可知晓其事实,同时对于其职员为刘某制作的证明不包括结婚证的意见,亦没有提供相应证据予以证实;本案刘某与我某公司共同行为造成刘某与霍某的房屋买卖合同不能履行,应按各自的过错行为承担相应责任。我某公司作为居间人,应当依据诚实信用原则,如实向委托人汇报与订立合同有关的事实及提供真实情况,但我某公司在为刘某与霍某买卖合同提供居间服务时,明知相应证件是虚假的情况下,依然提供居间服务并参与提供虚假证件,存在过错,违背了居间人的基本义务,应当按照过错,与刘某各自承担50%的违约责任。

相关规定

《中华人民共和国民法典》

第九百六十二条　中介人应当就有关订立合同的事项向委托人如实报告。

中介人故意隐瞒与订立合同有关的重要事实或者提供虚假情况,损害委托人利益的,不得请求支付报酬并应当承担赔偿责任。

96. 中介公司的关联公司申请查封案涉房屋导致买方迟延取得房产证的，中介公司是否应当返还佣金并承担违约责任？

裁判规则

中介公司的关联方申请查封案涉房屋导致买方迟延取得房产证的，中介公司对逾期办证负有一定责任，应返还部分佣金，但无须赔偿损失。

案号索引

北京市高级人民法院(2019)京民申5785号民事裁定书

案情简介

2017年2月12日，赵某(卖方)和乔某(买方)作为买卖双方分别与链某公司、方某公司(中介公司)签订居间服务合同和房屋交易保障服务合同，居间代理费20多万元由乔某承担。

2017年2月12日，赵某与乔某签订北京市存量房屋买卖合同(以下简称买卖合同)及补充协议。买卖合同主要内容是，赵某将北京市某房屋出售给乔某，双方同意自买卖合同签订之日起130日内共同到房屋权属登记部门申请办理房屋权属转移登记手续；因赵某责任，乔某未能在办理房屋权属登记手续后5个工作日内取得房屋所有权证书，自乔某应当取得房屋所有权证书的期限届满之次日起至实际取得房屋所有权证书之日止，赵某按日计算向乔某支付全部已付款5‰的违约金。

2017年7月31日，赵某依约将案涉房屋交付给乔某，但未依约在买卖合同签订之日起130日内共同到房屋权属登记部门申请办理房屋权属转移登记手续。

因北京市平谷区人民法院于2017年6月9日依法查封了赵某名下房屋。后乔某代赵某向法院支付了执行案款,北京市平谷区人民法院于2017年7月13日依法解除对案涉房屋的查封。

2017年7月,乔某以赵某为被告、链某公司为第三人在一审法院提起诉讼,要求赵某继续履行买卖合同,将案涉房屋过户至乔某名下,并要求赵某支付违约金183.6万元。该案在审理期间,一审法院根据中某公司申请于2017年8月1日又依法查封了案涉房屋。随后,乔某提出执行异议,并于2017年11月21日将应付赵某的购房尾款4,141,200元汇至一审法院,作为中某公司与赵某债务纠纷的执行案款。2018年1月30日,一审法院依法解除了对案涉房屋的查封。2018年4月8日,一审法院就乔某与赵某、链某公司买卖合同纠纷一案依法作出(2017)京0105民初52783号民事判决书,判决赵某将案涉房屋过户至乔某名下,并判决赵某向乔某支付违约金10万元。

2018年9月10日,案涉房屋所有权转移登记至乔某名下。

经查,中某公司法定代表人左某系链某公司自然人股东,乔某遂向人民法院起诉要求链某公司退还居间服务费并赔偿经济损失80万元。

法院观点

北京市高级人民法院认为:双方争议在于乔某逾期取得房屋所有权证,链某公司是否有责任。从查明事实判断,乔某逾期取得房屋所有权证的主要原因是赵某出售的案涉房屋先后被北京市平谷区人民法院和北京市朝阳区人民法院查封。根据买卖合同及补充协议约定,双方共同办理所有权转移登记的日期是买卖合同签署之日起130日内以及乔某向赵某支付全部购房款后7日内,北京市平谷区人民法院依法查封案涉房屋时,双方约定的办理期限尚未届满,北京市平谷区人民法院依法将案涉房屋查封,完全是因赵某负债所导致,与链某公司无关。但是,一审法院查封案涉房屋系基于债权人中某公司申请，中某公司法定代表人左某系链某公司自然人股东，链某公司提供的居间服务范围虽未包含办理案涉房屋所有权转移登记手续，但中某公司申请将案涉房屋查封，应与链某公司存在直接关联。链某公司作为居间方，虽然促成买卖双方签署买卖合同，但对乔某逾期取得房屋所有权证，负有一定责任。因此，一审法院确定由链某公司退还乔某50%的代理费用即100,980元。关于乔某主张的经济损失，乔某在与赵某买卖合同纠纷另案中，法院根据乔某实际损失情况，已判决赵某向乔某支付10万元违约金。乔某以50万元的高额聘请律师，系其自主自愿行为，且未就主张的其余部分损失提交相关证据，法院对其该项诉讼不予支持。

相关规定

《中华人民共和国民法典》

第五百八十四条　当事人一方不履行合同义务或者履行合同义务不符合约定，造成对方损失的，损失赔偿额应当相当于因违约所造成的损失，包括合同履行后可以获得的利益；但是，不得超过违约一方订立合同时预见到或者应当预见到的因违约可能造成的损失。

第五百九十二条　当事人都违反合同的，应当各自承担相应的责任。

当事人一方违约造成对方损失，对方对损失的发生有过错的，可以减少相应的损失赔偿额。

第五百九十三条　当事人一方因第三人的原因造成违约的，应当依法向对方承担违约责任。当事人一方和第三人之间的纠纷，依照法律规定或者按照约定处理。

第九百六十二条　中介人应当就有关订立合同的事项向委托人如实报告。

中介人故意隐瞒与订立合同有关的重要事实或者提供虚假情况，损害委托人利益的，不得请求支付报酬并应当承担赔偿责任。

97. 卖方出售房屋后，承租人因优先购买权受损请求卖方赔偿，中介公司是否对卖方损失承担责任？

裁判规则

卖方出售房屋后，承租人因优先购买权受损请求卖方赔偿的，中介公司虽已完成了中介合同的主要义务，无须向卖方返还佣金，但仍应按照自己的过错，对卖方的损失承担一定的责任。

案号索引

浙江省丽水市莲都区人民法院（2021）浙1102民初6493号民事判决书

案情简介

2021年4月21日，原告徐某一、郑某（卖方）与被告陈某服务部（中介公司）、华某（另一中介方）以及案外人夏某、龚某（买方）签订《房屋买卖居间合同》。合同签订后，案涉房屋转移至买方名下，卖方也向被告支付了中介服务费。

因卖方已将案涉房屋出租给了案外人徐某二(承租方),2021年6月8日,徐某二作为承租方向法院提起诉讼,请求判令徐某一赔偿因侵犯其优先购买权造成的房屋差价损失、经营损失、装修损失、律师费等损失9万元。

2021年8月17日,法院就该案作出(2021)浙1102民初3082号民事调解书,徐某一赔偿徐某二损失人民币22,000元。

原告认为,被告作为专业的房产中介代理人,理应对优先购买权等法律规定有充分的了解、认识,但被告为了收取中介费,并未告知原告出售房屋时不告知房屋承租人将会产生的风险,由于被告未告知该风险,原告直接出售房屋之后产生了相应的损失,故向法院起诉,请求判令被告返还中介费用50,000元并赔偿侵犯优先购买权所产生的损失22,000元。

法院观点

浙江省丽水市莲都区人民法院认为:中介人作为受托人,依法亦具有相应的附随义务,如必要的注意义务、根据合同性质衍生的其他义务。被告从事房屋中介服务,对于出售房屋时承租人有优先购买权的法律规定应当明知。但两被告在提供案涉中介服务时,却明显未尽到前述义务,且存在过错,因此,应认定两被告存在过错。关于返还中介费和赔偿损失。对此,现有证据无法证明徐某二知晓案涉房屋买卖合同关于价款、交付等具体约定,故即使案涉房屋曾在徐某二经营的中介机构挂牌出售,徐某二知晓房屋价款等相关约定亦在案涉合同签订之后,其行使优先购买权存在障碍(须对抗本案的购买方)。相反,因案涉合同约定了租金在2021年4月26日前后分别由原告和购买方向徐某二收取,原告在前述案件中可依"买卖不破租赁"的原则提出徐某二可使用案涉房屋至租赁期满,进而提出装修损失的相应抗辩意见。因此,(2021)浙1102民初3082号案原告向徐某二所支付的赔偿款,均与未通知徐某二行使优先购买权具有较大的关联性。案涉房屋买卖合同签订前,原告未通知案外人徐某二,两被告亦未作提示,原、被告对此均有一定的过错。原告主张两被告全额返还其中介费用,因两被告已完成了中介合同的主要义务,故该项诉请的合理部分可由法院根据被告的违约和过错情况酌情予以考虑。综上,法院综合当事人的过错、各方的合同义务、因案涉合同原告所支付的中介费、原告向徐某二支付的赔偿款和该案的具体情况(包括剩余租赁期限、该案诉讼请求的具体项目和金额等)、交易习惯及日常经验法则,酌情确定由两被告赔偿两原告损失人民币22,000元。

相关规定

《中华人民共和国民法典》

第九百二十九条　有偿的委托合同,因受托人的过错造成委托人损失的,委托人可以请求赔偿损失。无偿的委托合同,因受托人的故意或者重大过失造成委托人损失的,委托人可以请求赔偿损失。

受托人超越权限造成委托人损失的,应当赔偿损失。

98. 中介公司居间一房二卖,导致委托人受到欺诈的,是否应当承担赔偿责任?

裁判规则

中介公司明知卖方一房二卖,导致委托人受到欺诈的,中介公司应对委托人的损失承担补充赔偿责任,退还佣金。

案号索引

上海市宝山区人民法院(2021)沪0113民初10275号民事判决书

案情简介

俞某与苏某系夫妻关系。

2015年9月,崔某(卖方)将涉案房屋以1,275,000元价格出售给俞某、苏某夫妇(买方)并签署了相关购房协议,苏某、俞某支付崔某房款985,000元。同时,崔某(卖方)与俞某(买方)、云某公司(中介公司)签订三方《居间协议》,俞某支付云某公司佣金25,500元。

2016年1月,朱某(另一买方)、云某公司(中介公司)与崔某(卖方)签订三方居间协议,约定买卖双方经中介公司居间介绍,就涉案房屋买卖达成协议,总房价款为145万元。上述协议签订后,朱某支付佣金29,000元及房款145万元。

在2018年5月15日上海公安局宝山分局经侦支队的讯问笔录中,云某公司原工作人员毛某陈述,知道崔某一房二卖,想多一笔交易就可以多拿一份佣金所以没有告知。

2019年2月28日,上海市宝山区人民法院作出(2018)沪0113刑初2267号刑事判决书,认定崔某隐瞒涉案房屋系其家庭共有及其无权处分的事实,先于2015年9月25日和被害人俞某、苏某签订房屋买卖合同,将涉案房屋以1,275,000元的价格出售给俞某、苏某。次年1月22日,又使用相同手法以145万元的价格将涉案房屋出售给朱某。崔某得款后将房款用于还债及挥霍。上海市宝山区人民法院判决崔某构成合同诈骗罪,判处有期徒刑11年并退赔被害人的经济损失。

买方俞某、苏某向人民法院提出诉讼请求,请求被告退还原告佣金人民币25,500元并赔偿原告损失492,500元。

法院观点

上海市宝山区人民法院认为：本案中，云某公司作为专业机构，在明知系争房屋通过其居间已经出售给苏某、俞某的情况下，又在其居间下将系争房屋出售给朱某，造成一房两卖，致使苏某等人成为崔某合同诈骗的被害人，造成苏某等人损失，其应承担赔偿责任。鉴于刑事判决已责令崔某退还被害人经济损失，考虑本案实际情况，法院酌情判令云某公司在295,500元范围内就案外人崔某刑事退赔不足部分对苏某、俞某承担补充赔偿责任。云某公司同意退还佣金25,500元符合法律规定，法院予以准许。

相关规定

《中华人民共和国民法典》

第九百六十二条　中介人应当就有关订立合同的事项向委托人如实报告。

中介人故意隐瞒与订立合同有关的重要事实或者提供虚假情况，损害委托人利益的，不得请求支付报酬并应当承担赔偿责任。

同类案例

在(2019)沪0113民初10256号案件中，(两个案例是系列案，后面一个中介是明知一房二卖)上海市宝山区人民法院认为：被告云某公司作为专业机构应当尽职调查，就有关订立合同的事项向原告朱某如实报告。根据所查明的事实及当事人自认，云某公司在未查明案外人苏某与崔某是否解约的情况下，即又促成原告朱某与崔某就涉案房屋签订了房屋买卖合同，形成了“一房二卖”，显示公司管理存在漏洞，在一定程度上促成了崔某对朱某的诈骗行为得以实施。同时法院也注意到,涉案房屋为动迁房,崔某对涉案房屋并不享有完整处分权。朱某作为普通购房者,只具备一般的交易知识,在房屋买卖尤其是动迁房交易中只能依赖被告提供的专业服务。云某公司作为一家从事房产中介的专业机构,应在促成买卖双方达成协议前查清涉案房屋可能牵涉的所有权利人,向原告如实报告并提示必要的交易风险。而目前已签订的所有居间或买卖协议中卖方均只有崔某一人签名,这就为日后案发埋下了隐患。因此,云某公司在涉案房屋的居间过程中存在一定过错。鉴于相关刑事判决书已责令崔某退赔 140 万元房款,考虑到被告云某公司的过错程度及其对原告损失的影响,法院认定云某公司除应退还所收取的 29,000 元佣金以外,还应对崔某退赔责任的 30% 即 42 万元限额范围内承担补充赔偿责任。朱某另关于要求云某公司赔偿房款及承担一半在外过渡租房费用和利息损失的主张,依据均不足,法院不予支持。

99. 中介公司未告知买方房屋存在权利瑕疵,导致买方无法取得案涉房屋的,是否应当承担赔偿责任?

裁判规则

中介公司未告知买方房屋存在权利瑕疵,导致买方无法取得案涉房屋的,应当承担赔偿责任。若签订买卖合同后房屋被查封的,中介公司虽无须承担赔偿责任,但法院可依据中介公司的过错调整其应收取的佣金。

案号索引

河南省高级人民法院(2020)豫民申 5380 号民事裁定书

案情简介

2015年12月8日,某法院裁定查封刘某所有的位于鹤壁市某房产,查封期限为2年,自2015年12月8日起至2017年12月7日止。

2017年6月27日,周某(买方)、信某公司(中介公司)与刘某(卖方)签订了《不动产买卖居间合同(三方)》,且周某向刘某支付购房款60万元,向信某公司支付中介费5800元。

2018年1月30日和5月14日,刘某所有的涉案房屋因其他纠纷先后被法院查封和轮候查封。

2019年2月25日,法院通知因刘某另案民间借贷纠纷执行一案,将依法拍卖被执行人刘某所有的涉案房屋。

周某遂向人民法院起诉请求判令信某公司返还周某购房款600,000元并赔偿损失30,000元。

法院观点

河南省高级人民法院认为:房产中介机构的价值、作用主要体现在提供订立合同的机会、促成交易。房产中介机构对于交易房产现实状况的核查是促成交易、实现合同目的的前提条件。信某公司作为房产中介机构,对房屋状况的核查是其基本义务和基本服务内容。但在本案中,信某公司在未对案涉房屋关键信息进行任何核查的情况下,向周某提供不具备交易基础的房源,并使周某出于对房屋中介专业性的信赖而支付房款,受到损失,信某公司应尽而未尽核查义务,主观过错明显,且其违反居间服务义务的行为是导致周某受到损失的直接原因,一审法院综合案件实际情况根据信某公司的过错让其对周某的损失承担70%的责任并无不当。

信某公司在二审庭审中补充上诉称法院对案涉房屋的查封中有一段是处于未查封状态,房屋被查封并非造成不能交易的原因。根据《中华人民共和国城市房地产管理法》第38条第2项的规定："下列房地产，不得转让：……（二）司法机关和行政机关依法裁定、决定查封或者以其他形式限制房地产权利的……"签订合同时案涉房屋已处于被查封状态，属于法律禁止买卖的房产，不具备交易条件，信某公司如能及时查询并掌握该信息，就能从根本上避免该次交易的发生，更不会有周某依据合同交付房款受到损失的情形出现，信某公司的过错明显，其应承担相应责任。

相关规定

《中华人民共和国民法典》

第九百六十二条　中介人应当就有关订立合同的事项向委托人如实报告。

中介人故意隐瞒与订立合同有关的重要事实或者提供虚假情况，损害委托人利益的，不得请求支付报酬并应当承担赔偿责任。

同类案例

【案例一】在（2021）闽0206民初2204号案件中，福建省厦门市湖里区人民法院认为：房地产中介机构作为专业从事地产媒介居间的商事主体，具备专门的资格、人员和设备，专业化程度较高，故对其如实报告义务应当提出更高的要求。房地产中介机构对于受托事项及居间服务应承担符合专业主体要求的注意义务，注重审查核实与交易相关的各类信息，并向委托人如实报告。本案中，从2020年7月17日各方协商内容看，锦某公司在事先知道卖方郑某、陈某一方存在1,000,000元借款的情况下，既未进一步核实是否因该项借款而在案涉房产上设定抵押，也未将该项卖方主动披露的大额借贷事项向委托人报告，其行为显然违反了居间人的如实报告义务,且有损委托人利益。锦某公司依法本应不得要求支付报酬,但考虑到张某、经某在事后得知案涉房产已因前述借款而设定抵押的情况下,继续选择在锦某公司居间下再次与卖方达成《补充协议》,并且买卖双方已经依照《补充协议》约定完成了房产买卖交易,张某、经某也自认收到了卖方支付的因逾期过户产生的违约金。因此,法院酌情按照《房产买卖协议》约定中介费40,000元、代办过户手续费800元的50%(20,400元)确定居间报酬。此外,因张某、经某未就首付款利息643.84元、误工费2319.6元、交通费400元等损失提起反诉,故法院对此不予审理。

【案例二】在(2017)豫01民终11179号案件中,河南省郑州市中级人民法院认为:买卖居间合同所涉房屋因被查封无法买卖,合同目的无法实现,导致合同无法继续履行,对该情况的产生,非因各方主观原因所致。但建某公司在该过程中付出了劳动,应获得相应报酬。由于买卖居间合同未明确居间服务的内容,故一审判决"依据公平合理原则,认为,《郑州市存量房(二手房)买卖居间合同》中约定的佣金,应当是买卖双方合同履行完毕、交易成功后针对建某公司的全部居间服务所支出,酌定建某公司可以收取佣金5000元"的处理适当。

100. 中介公司税费估算错误,导致交易方所承担税费超出预期,是否应当承担赔偿责任?

裁判规则

中介公司税费估算错误,导致交易方所承担税费超出预期,应当在自己的过错范围内承担一定的赔偿责任。

案号索引

上海市第一中级人民法院(2021)沪01民终3240号民事判决书

案情简介

2019年11月22日,涉案房屋权利人变更登记为朱某、施某按份共有,其中朱某(1/2)、施某(1/2)。

2019年12月11日,施某(卖方)与菁某公司(中介公司)签订《房屋出售VIP服务协议》,其中约定:房屋类型:住宅;所有权利人:施某;交易房屋年限:已满5年;交易房屋是否为权利人家庭名下唯一住房:否(朱某)。

2019年12月12日,施某(卖方)、案外人倪某1(买方)以及菁某公司(中介公司)共同签署《房地产买卖(含居间)合同》。

2019年12月13日,朱某、施某(卖方)与案外人倪某2、倪某3(买方)签订《上海市房地产买卖合同》,其中约定:卖方通过菁某公司居间介绍将涉案房屋出售给买方,房地产转让价款为300万元。同日,朱某、施某与案外人倪某2、倪某3签订《补充协议》,其中约定:本次交易房屋产权来源为继承,甲乙双方均应按国家规定及税务机关确认的房屋总价缴纳各自的交易税费。

当日,朱某、施某与案外人倪某2、倪某3以及菁某公司的工作人员共同签字确认《税费估算清单》,其中载明:本清单是根据买卖双方提供的材料、信息及提出的要求估算而得。最终实际税费按照交易中心核定价格计算为准。税费计算日期2019年12月12日(以下税费按照计算当日该房屋所在区域不动产登记事务中心的政策计算)。涉案房屋所有权来源:继承份额50%;售后公房50%。产证登记日:2019年11月22日。若有产证变更,请务必填写原产证登记日期:20(之后未填写完整)。是否唯一(出售方):该房屋为家庭名下唯一住房的产权人姓名:施某,占份额50%;该房屋为家庭名下非唯一住房的产权人姓名:朱某,占份额50%。买卖双方协商一致，以3,000,000元交易价格为基数计算税费。出售方税费计算如下：增值税0元；附加税0元；其他0元；个人所得税勾选不满五或不唯一，普通（合同价－增值税）×1%；勾选满五唯一：免征（说明：施某满五唯一，朱某满五不唯一，继承的份额由施某继承）；合计15,000元。承诺：经上海××有限公司居间成交的个人产权二手居住用房，上海××有限公司将以买卖双方所提供的房屋信息、购入信息、家庭成员及名下住房信息等计算税费所需要的所有信息为依据，为买卖双方提供本次房屋交易的税费精算服务，并出具《税费估算清单》。在计税条件（核定价）和征税政策不变的情况下，交易双方最终向税务机关缴纳的税费与《税费估算清单》所载相比，如误差超出5%，则超出部分由上海××有限公司全额补偿。补偿必备条件：……业主提供完整、真实的全额购入发票、契税单、买卖合同、房屋交接书及业主获取的所出售房屋来源的其他凭证，告知真实的产权人家庭成员及名下住房情况、房屋购入后有无变更及变更材料；若提供不实信息由业主承担相应的后果。以下情况不作差额补偿：……因所提供的买卖双方信息、房屋信息失真导致的税费计算误差。

2020年5月18日，朱某、施某就涉案房屋向税务机关另行缴纳个人所得税315,000元。同日，涉案房屋权利人变更登记为倪某2、倪某3共同共有。

朱某、施某认为因菁某公司税费计算错误，导致其产生了税费差价的损失，遂向人民法院起诉请求菁某公司赔偿朱某、施某人民币279,400元。

法院观点

上海市第一中级人民法院认为：菁某公司作为专业中介公司，对房产交易市场的相关政策及操作规范应当熟知，且需按照相关规定规范操作，充分为买卖双方提供交易所涉政策及法律咨询，协助当事人顺畅履行合同，维护市场交易秩序，而非仅促成买卖双方签署网签合同而已。通常而言，缴纳税费是房屋买卖中对交易产生影响的重要事项之一，理应由中介公司根据政策法规以及房屋的实际情况给予当事人一定的专业意见，使当事人对合同的履行后果有所预期。由于涉案房屋系售后公房且发生过继承，产权登记情况较为特殊，如何认定出售时的“满五”条件与计算税费的高低有直接关联，所涉及的政策法规较普通二手房交易更为专业、复杂，非一般售房人所能熟知并全面掌握。

从已查明的事实来看，一则，菁某公司并未提供证据证明曾就“满五”的判断标准向朱某、施某进行政策解读，并就“满五”与否可能导致的税收明显差距向朱某、施某进行释明，应属未尽如实报告义务的行为。二则，菁某公司自认在朱某、施某委托其挂牌时已知晓涉案房屋发生继承时间为2019年且房屋性质为售后公房，其作为专业机构，为确定涉案房屋出售时是否符合“满五”条件，理应在交易前就先前的产权登记信息进一步核实，以查证朱某、施某所述内容是否存在出入或有不实信息，充分尽到谨慎注意义务和调查义务。根据菁某公司第一次庭审中的陈述以及朱某、施某提供的电话录音反映，最晚在签署网签合同时，朱某、施某已向其出示《公证书》，而《公证书》中明确载明涉案房屋的前一次产权登记时间为2017年，菁某公司在未审慎核查的情况下，直接按“满五”计算税费，显然存在一定的过失。即便如菁某公司所述，在签署网签合同时，朱某、施某未出示完整的房屋信息资料，菁某公司亦应尽力催告对方主动提供或在朱某、施某委托其协助调取产权信息后，在此基础上进行税费核算，并经当事人确认无异议后，再签署网签合同以防止后续争议的产生。然而，菁某公司直至买卖双方签署网签合同后才审查资料、复核税费，造成朱某、施某需承担的税费大大超出其合理预期，应属未尽专业审查义务的行为。三则，菁某公司向朱某、施某出具的《税费估算清单》已明确载明，若其估算的税费金额与交易方实缴金额误差超出5%，则就超出部分应当予以赔偿。在菁某公司并无证据证明朱某、施某存在拒不配合提供房产材料或作虚假陈述的情况下，该约定条款对其具有法律约束力。就估算错误可能产生的法律后果以及赔偿风险，菁某公司具有一定的可预见性。据此，法院认定菁某公司在履行居间义务过程中存在重大瑕疵，应就朱某、施某所遭受的损失承担相应的赔偿责任。

另需指出的是，法律规定以及合同约定菁某公司所需履行的前述义务应限定在合理范围内。鉴于朱某、施某均系具有完全民事行为能力的成年人，在作出售房重大决定时，亦应事先了解基本的交易规则及政策规定。由于涉案房屋的基本信息均掌握在出卖方处，朱某、施某对数次产权登记时间理应充分知晓。从发生继承后的产权登记时间来看，2019年新产证登记时间明显不符合"满五"条件，而从2017年由公有住房变为产权房的时间计算至今，亦未达到5年期限，在此情况下如何认定"满五"条件以及如何计算税费，朱某、施某也应具备一定的独立判断能力并负有必要的谨慎注意义务。然而，朱某、施某在未作基本审查或提出合理质疑的情形下，便深信菁某公司的计算结果无误并签署一列类协议，其对于涉案房屋最终税费计算的认识偏差亦应负有一定的责任。法院综合考虑本案实际情况、双方过错程度、责任大小等，酌定由朱某、施某与菁某公司在相应范围内承担各自责任，即菁某公司应向朱某、施某赔偿损失140,000元。

相关规定

《中华人民共和国民法典》

第九百六十二条　中介人应当就有关订立合同的事项向委托人如实报告。

中介人故意隐瞒与订立合同有关的重要事实或者提供虚假情况，损害委托人利益的，不得请求支付报酬并应当承担赔偿责任。

同类案例

在(2020)苏0682民初7925号案件中,江苏省南通市如皋市人民法院认为:根据法院至如皋市国税局调查了解的税费征收政策可知,房屋是否属于“满五唯一”会对税费负担产生直接影响,进而会影响交易价格及合同履行。房屋是否符合政策规定,需解读政策后结合房屋具体情况进行判断。作为居间合同中的专业一方,居间人具有界定义务,即应根据出卖人提供的资料对房屋是否符合“满五唯一”进行专业判断,而非仅根据出卖人的口头介绍或承诺判断,亦不能将居间方应负有的义务推卸给交易双方。具体到本案,被告众某公司作为房源信息维护方,由其与卖方联系,核实房屋基本信息,也是其在贝壳找房平台网中公布房屋信息宣传图片,并备注房屋符合“满五唯一”,在签订本案房屋买卖合同前,由其公司员工金某与卖方陈某进行联系沟通,获得陈某的银行账号,并要求两原告给付定金至陈某账户。该公司虽辩称“满五唯一”的信息为卖方陈某提供,但未能对此进行举证。对于被告宝某公司,在本案房屋买卖合同中与众某公司应属于同行合作签单的关系,在得知众某公司告知的“满五唯一”信息后,该公司亦未对房屋的真实信息进行审核,在房屋不构成“满五唯一”的情形下,两家中介公司均告知买受人虚假信息,误导了两原告,导致两原告误信该信息,自愿在购房合同中约定承担所有的过户税费,最终造成两原告多缴纳了因房屋非“满五唯一”所产生的95,571.30元卖方个人所得税。综上,两家中介公司对此均存在过错,应对原告共同承担赔偿责任。

101. 部分购房款被中介骗走，买卖合同能否继续履行？

裁判规则

中介方的诈骗目的在于骗钱，对于房屋买卖的情况并无隐瞒、欺骗。因此，《房地产买卖居间合约》是买卖双方当事人的真实意思表示，内容未违反法律法规的强制性规定，各方当事人均应依约诚信履行。

案号索引

广东省深圳市中级人民法院（2018）粤 03 民终 19256 号民事判决书

案情简介

2005 年 3 月 9 日，牛某、刘某（卖方，甲方）与案外人他某力（买方，乙方）、金某公司（中介公司）签订《深圳市房地产买卖居间合约》。签约时中介为于某，而于某在 2005 年 1 月已向金某公司提出辞职并未将公司的公章和财务章交回，其伪造并使用了金某公司的公章和财务章签订合同。2005 年 7 月 21 日，买方将购房款汇至于某个人账户后，于某将该购房款提现后逃匿至老家。涉案房屋系香某公司于 1997 年分配给刘某，刘某于 1997 年 8 月按照微利房价向香某公司付清全部房款。但在该公司房改时，刘某因退休，未办理公司房的房改手续，涉案房屋在牛某签订居间合同时登记在香某公司名下。他某力是他某夫的哥哥，实际购买涉案房屋的是他某夫，现他某夫要求将房屋过户至其名下。

法院观点

广东省深圳市中级人民法院认为：涉案房屋系香某公司分配给刘某

的微利房，刘某认可牛某签订的上述居间合约，故居间合约的买卖双方为他某夫和牛某、刘某……因在合同履行过程中，他某夫、牛某和刘某双方均无明显过错，出现于某诈骗购房款的情况，他某夫不存在违约行为。他某夫具备购房资格且同意一次性另外支付160万元，大约相当于涉案房屋目前市场价值的一半，已远高于合同签订时约定的房款，其诉请继续履行买卖合同，根据公平原则，法院予以支持。中介方于某在于骗钱，即骗取购房款，而非欺骗卖方牛某、刘某卖房，亦非欺骗买方他某夫买房。于某行骗所骗取的房款不论是骗自买方他某夫，还是卖方牛某、刘某，均不构成任何一方不履行合同的理由或基础。因此，牛某、刘某上诉认为因前述刑事诈骗案之因，其无须履行案涉买卖合同的理由不成立。

相关规定

《中华人民共和国民法典》

第一百四十八条　一方以欺诈手段，使对方在违背真实意思的情况下实施的民事法律行为，受欺诈方有权请求人民法院或者仲裁机构予以撤销。

第一百四十九条　第三人实施欺诈行为，使一方在违背真实意思的情况下实施的民事法律行为，对方知道或者应当知道该欺诈行为的，受欺诈方有权请求人民法院或者仲裁机构予以撤销。

《最高人民法院关于适用〈中华人民共和国民法典〉总则编若干问题的解释》

第二十一条　故意告知虚假情况，或者负有告知义务的人故意隐瞒真实情况，致使当事人基于错误认识作出意思表示的，人民法院可以认定为民法典第一百四十八条、第一百四十九条规定的欺诈。

后　　记

终于定稿了。

十多年前，我们就打算写一本关于二手房交易全流程的法律书籍。

陆陆续续写了差不多一年，都快定稿了，却发现政策不断变化，需要“返工”的越来越多，于是稿子始终没能“定”下来。出书的计划，就这样搁置了。

这始终是我们的遗憾。

幸好，这一回，我们的书终于出版了。

可谓“十年磨一剑”，这回，我们组织了强大的团队。我们邀约了王林欣、胡维刚两位律师——中原地产法务部十多年前的老同事，组成了我们的主编团队。邀请了团队的林冕填、柴子凡、吴瑜含、文畅律师组成我们的编委团队。

“众人拾柴火焰高”，繁忙工作之余，开会头脑风暴，散会各自奋战，虽不敢说殚精竭虑，却也尽己所能，终于“孕育”了这本《房屋买卖裁判规则100问》。

本书的付梓出版，得到了师长、友人和家人的支持：中原地产原中国区总裁赖国强先生和美联中国华南区战略董事总经理江少杰先生为本书作序；法律出版社的邢艳萍编辑给了我们很多的指导和帮助；我们的家人是我们坚强的后盾；还有很多支持我们、影响我们、鼓励我们、帮助我们以及期待我们完成“写书大业”的朋友。

是你们,让我们有了动力。

是你们,让我们没有放弃。

虽然我们看似竭尽全力,但毕竟才学有限,难免挂一漏万、顾此失彼,书中若有不周全甚至贻误之处,还请批评指正,以待将来完善。

2023 年 12 月